U0038318

李廣柏 注譯
李振興 校閱

新譯明夷待訪錄

三民書局 印行

刊印古籍今注新譯叢書緣起

劉振強

人類歷史發展，每至偏執一端，往而不返的關頭，總有一股新興的反本運動繼起，要求回顧過往的源頭，從中汲取新生的創造力量。孔子所謂的述而不作，溫故知新，以及西方文藝復興所強調的再生精神，都體現了創造源頭這股日新不竭的力量。古典之所以重要，古籍之所以不可不讀，正在這層尋本與啟示的意義上。處於現代世界而倡言讀古書，並不是迷信傳統，更不是故步自封；而是當我們愈懂得聆聽來自根源的聲音，我們就愈懂得如何向歷史追問，也就愈能夠清醒正對當世的苦厄。要擴大心量，冥契古今心靈，會通宇宙精神，不能不由學會讀古書這一層根本的工夫做起。

基於這樣的想法，本局自草創以來，即懷著注譯傳統重要典籍的理想，由第一部的四書做起，希望藉由文字障礙的掃除，幫助有心的讀者，打開禁錮於古老話語中的豐沛寶藏。我們工作的原則是「兼取諸家，直注明解」。一方面熔鑄眾說，擇善而從；一方面也力求明白可喻，達到學術普及化的要求。叢書自陸續出刊以來，頗受各界的喜愛，使我們得到很大的鼓勵，也有信心繼續推廣這項工作。隨著海峽兩岸的交流，我們注譯的成員，也由臺灣各大學的教授，擴及大陸各有專長的學者。陣容的充實，使我們有更多的資源，整理更多樣化的古籍。兼採經、史、子、集四部的要典，重拾對通才器識的重視，將是我們進一步工作的目標。

古籍的注譯，固然是一件繁難的工作，但其實也只是整個工作的開端而已，最後的完成與意義的賦予，全賴讀者的閱讀與自得自證。我們期望這項工作能有助於為世界文化的未來匯流，注入一股源頭活水；也希望各界博雅君子不吝指正，讓我們的步伐能夠更堅穩地走下去。

新譯明夷待訪錄 目次

刊印古籍今注新譯叢書緣起

導讀

題辭

原君……一

原臣……一〇

原法……一八

置相……二五

學校……三五

取士上……五四

取士下……六二

建　都……………………………………………………………………七九
方　鎮……………………………………………………………………八四
田制一……………………………………………………………………九〇
田制二……………………………………………………………………九八
田制三……………………………………………………………………一〇六
兵制一……………………………………………………………………一一八
兵制二……………………………………………………………………一二八
兵制三……………………………………………………………………一三六
財計一……………………………………………………………………一四三
財計二……………………………………………………………………一五四
財計三……………………………………………………………………一六二
胥　吏……………………………………………………………………一六七
奄宦上……………………………………………………………………一七六
奄宦下……………………………………………………………………一八二

導讀

在中國浩瀚的典籍中，這本《明夷待訪錄》，以其激烈的反專制思想和超前的民主意識，彪炳千秋，令人注目。曾有人把這本著作，同法國十八世紀思想家盧梭的《社會契約論》相比擬。《社會契約論》論證國家權力應屬於全體自由、平等的人民，是法國大革命的「福音書」。《明夷待訪錄》的內容及對中國近代「思想之驟變」所起的作用，同《社會契約論》有某種程度的近似；而黃宗羲撰著本書的時間，卻比《社會契約論》問世，整整早一個世紀。

用黃宗羲的話說，他的時代是「天崩地解」的時代。《明夷待訪錄》是他經歷社會大裂變、大動亂之後，對歷史進行深刻反思的結晶。

一 黃宗羲前半生的奮鬥與經歷

黃宗羲，字太沖，號南雷，一號梨洲。浙江餘姚人，生於明朝萬曆三十八年（西元一六一〇年），卒於清朝康熙三十四年（西元一六九五年），得年八十有六。

黃宗羲的父親黃尊素，是東林黨的重要成員。天啟年間，任監察御史，被閹黨害死在獄中。崇禎帝即位時，十九歲的黃宗羲，身藏鐵錐，帶著奏疏，上京為父親訟冤。當他到達北京時，閹黨首魁魏忠賢已被罷斥，並自縊，他父親的冤案也已經平反昭雪；但閹黨餘孽尚存。他謝恩之後，即上疏請求誅殺魏閹餘黨曹欽程、李實等人。崇禎元年五月，刑部會審許顯純、崔應元，黃宗羲對簿公堂，突然取出袖藏的鐵錐，猛刺許顯純，使這個魏氏走狗，遍身血污；他還上前毆打崔應元胸部，並拔取崔應元的鬍鬚，以歸祭亡父之靈。六月，李實暗中送三千兩銀子給黃宗羲，請求不再追究。黃宗羲拒不受賄，當即上疏揭發李實罪行，在刑部會審堂上，又用鐵錐刺李實。審判結束後，黃宗羲偕同死難諸臣的子弟，在當年諸大臣遇害的監獄門前，設祭追悼先人，哭聲如雷，聞於宮廷。崇禎皇帝不得不嘆息說：「忠臣孤子，甚惻朕懷！」從此，黃宗羲聲名傳遍朝野上下，四方名士莫不知有「姚江黃孝子」。

黃宗羲返回家鄉，即遵照父親遺囑，跟隨浙江紹興名儒劉宗周求學，為日後的經學、理學研究，奠立了根基。同時，他又遵循父親的「學者不可不通知史事」的告誡，有計畫地、系統地研讀史書。先從明代《十三朝實錄》讀起，再遍讀「二十一史」。此外，他還廣泛地研讀九流百家之書，涉及天文、地理、曆法、數學、音樂、佛教、道教，乃至西方傳教士傳入的自然科學，「無所不窺」。當時，江南文人結社之風很盛，且往往帶有濃厚的政治色彩，其中尤以繼承東林餘風的復社，影響最大。黃宗羲經常往來於南京、蘇州、常熟、紹興、杭州等地，與復社、幾社、應社、讀書社的人士相聚，砥節礪行，講學論文。他稱讚復社「網羅天下之士，高才宿學多出其間」，但也認識到復社「本領脆薄，學術龐雜，終不能有所成就」（《南雷文約・陳夔獻墓誌銘》），尤其對於「爭相依附」、「士集其門如燕雀」的現象，頗有微詞。南明弘光朝建立以後，閹黨餘孽阮大鋮東山再起，由兵部侍郎，進而任兵部尚書。阮大鋮編造了一份復社人士黑名單，題為《蝗蝻錄》，黃宗羲也名列其中。蝻是蝗的幼蟲，阮大鋮誣稱東林黨為蝗，復社為蝻。一時，正直之士，或被殺，或被捕，或逃亡。黃宗羲和顧憲成的孫子顧杲，一起被捕入獄。然而，阮大鋮還沒有來得及進一步加害於他，弘光朝即土崩瓦解了。

黃宗羲逃回餘姚，便立即與弟弟宗炎、宗會商議，變賣家產，組織義勇，抵抗日益逼近浙東的清朝大軍。他很快召募了一支數百人的隊伍，聲援駐守在錢塘江一帶的熊汝霖、孫嘉績的部隊。魯王朱以海以監國的名義，在紹興建立政權，任命黃宗羲為兵部職方司主事，不久又任為監察御史。黃宗羲針對魯王政權內部畏首畏尾、不圖進取的現狀，一再提出深謀遠慮的進取性策略。他給魯王的大將王之仁寫信說：「諸公何不沉舟決戰，由赭山直趨浙西？而日於江上放船鳴鼓，攻其有備，蓋意在自守也。蕞爾之府，以供十萬之眾，北兵即不發一矢，一年之後，恐不能支，何守之為？」魯王諸臣，大都同意黃宗羲的意見，但不能付諸實行。孫嘉績將自己帶領的火攻營，交給黃宗羲指揮，黃宗羲組成了一支三千人的隊伍，西行渡海，進駐潭山，浙西和太湖地區的義士，奮起策應，儼然「有吞吳楚之氣」。不幸錢塘江防線被清軍突破，魯王及部分隨從，敗逃入海。黃宗羲在驚亂中，收拾願意隨從的五百餘人，退入浙東四明山，結寨固守。為了訪求魯王的下落，黃宗羲化裝潛出。臨行前，告誡部下，注意團結山民，勿事騷擾。但他走後，部下不聽節制，搶奪糧食，激起民憤，辛苦建立的營寨，被山民焚毀，部屬也多被燒死或打死。黃宗羲失去根據地，不得不潛回家中，伺機再起。而清朝政府，四處懸賞緝拿他，他又只得變姓易名，東躲西藏。

順治六年（西元一六四九年），黃宗羲得知魯王在部眾扈從下，由福建回到浙江，駐軍於健跳所（今屬浙江臨海）的海面上。他立即趕赴魯王所在地，被任命為左僉都御史，接著又升為左副都御史。這時魯王政權，已是風雨飄搖，而武將們仍然驕橫跋扈，黃宗羲雖然名列大臣，因手下沒有兵卒，實處於無能為力之地。他不得已，只好天天坐在船上正襟講學，或者注解《授時曆》、《泰西曆》、《回回曆》，以消磨時日。這年冬天，魯王移駐舟山，派黃宗羲作為兵部右侍郎馮京第的副手，出使日本借兵，到過長崎、薩師瑪等島。由於日本不肯借兵，悵然而返。這時侯，黃宗羲的母親，東遷西徙，隨時有遭到傷害的危險，弟弟黃宗炎仍在抗清軍中，黃宗羲便辭去魯王政權的職務，潛歸故里。但是他仍與魯王政權和各地抗清武裝保持祕密聯繫。清朝政府，多次指名追捕，或將他的畫像，張掛在通衢要道，懸賞捉拿。他輾轉藏匿，屢屢瀕臨於危境。後來，他在一篇文章中回憶這一時期的情況說：「自北兵南下，懸書購余者二，名捕者一，守圍城者一，以謀反告訐者二、三，絕氣沙墠者一晝夜。其他連染邏哨之所及，無歲無之，可謂瀕於十死者矣。」（《南雷餘集・怪說》）

順治十年，魯王逃到廈門，移居金門，被迫取消監國稱號。順治十八年，永曆帝在緬甸被俘，南明最後一個小朝廷宣告覆滅。清朝統治的基礎，穩定了下來，各地抗清的戰爭，也逐漸地平息，飽受戰亂倖存下來的民眾，也希望有和平安寧的生活。這時候，黃宗羲已年過半百。孔子曰：「五十而知天命。」黃宗羲看到恢復明朝再也沒有希望，歷史的變遷，非人力能夠扭轉，於是停止了實際的反清復明活動，轉向講學著書的學術事業。講學著書，是黃宗羲的本色，黃宗羲是以學者和思想家載入史冊的，他前半生的奮鬥和坎坷經歷，似乎耽誤了他的學術事業，其實不然，正因為他具有不尋常的閱歷，使他於「治亂之故，觀之也熟」（《留書・題辭》），從而激勵他對歷史和社會進行深入探索，獲得一般人所不能有的認識，以致成為一位淵博的大儒、文化的宗師。

二　黃宗羲後半生的講著事業與節操

順治十八年冬，黃宗羲陪著母親返回故里，從四面八方來向他請教問業的漸漸多起來。康熙六年（西元一六六七年），他在紹興會合同門學友，恢復劉宗周興辦的證人書院，親自擔任主講，以闡揚先師的學問和氣節。第二年，又在寧波創立甬上證人書院，弟子中有後來成為著名學者的萬斯大、萬斯同等人。此外，他還到過語溪（今桐鄉）、海昌（今海寧）、鄞縣等地設館講學。全祖望在〈梨洲先生神道碑文〉中說：「東之鄞，西之海寧，皆請主講；大江南北，從者駢集，守令亦或與會。已而，撫軍張公以下，皆請公開講，公不得已應之。」

由於黃宗羲熱心培育後進，浙東地區，出現了不少的人才，以後形成中國學術史上著名的浙東學派。

黃宗羲講學，以闡揚先師劉宗周的遺教為己任；但他的學問，已遠遠超出理學家心性理氣、誠意慎獨的格局，尤其對於當時「襲語錄之糟粕」、「從事於遊談」的講學風氣，深為不滿。在〈留別海昌同學序〉中，黃宗羲寫道：「今之言心學者，則無事乎讀書窮理；言理學者，其所讀之書，不過經生之章句，其所窮之理，不過字義之從違。……天崩地解，落然無與吾事，猶且說同道異，自附於所謂道學者。」這對於明中葉以後，理學家的空談，無疑是當頭棒喝！當時顧炎武也批評過「置四海之困窮不言，而終日講危微精一之說」的理學家。顧、黃兩位思想家，對宋明理學流弊的認識與態度，完全一致。梁啟超曾說：「清學之出發點，在對於宋明理學一大反動。」黃宗羲、顧炎武的學術貢獻，首先就在於扭轉宋明理學所造成的空疏浮誇的學風，開闢清代學術的新局面和新方法。

黃宗羲經常對受業的弟子講：「學必原本於經術，而後不為蹈虛；必證明於史籍，而後足以應務。」（見全祖望〈甬上證人書院記〉）所謂經術，即闡釋儒家經典的學術；史籍，即歷代的史書。他要求「受業者必先窮經」；又認為經術用於經世，「方不為迂儒之學」，因此，他又「兼令讀史」（見全祖望〈梨洲先生神道碑文〉），說「二十一史所載，凡經世之業，亦無不備矣」（《南雷文定・補歷代史表序》）。這可以看出，黃宗羲講學的要旨是，提倡明經、通史，經、史相輔為用，而以經世應務為學問的指歸。據全祖望介紹，當時受黃宗羲教育的青年學子，即擺脫了空談「性也，命也」的陋習，「前此講堂錮疾，為之一變」。

黃宗羲講學，不僅遠遠超出宋明理學的樊籬，也大大超出正統儒學的範圍。他講授經學、史學，還講授天文、曆法、地理、律呂、數學、詩文等多門學問。早在順治年間，他就向王正中傳授過《授時曆》和律呂之學（見《南雷文定・王仲撝墓表》）。康熙年間，他在海寧講學期間，向海寧知縣許三禮等人傳授《授時曆》、《泰西曆》、《回回曆》。許三禮後來任順天府尹、左副都御史、兵部右侍郎，還不時從北京寫信來向他請教（見《南雷文定・酉山許先生墓誌銘》）。海寧有個名叫陳言揚的讀書人，向黃宗羲學習數學。陳言揚在黃宗羲的啟發之下，寫了一本數學書，題為《勾股述》。黃宗羲看到儒生中有此等奇書，非常高興，親自為之作序。序中說西方數學傳進中國以後，中國讀書人「讓之為獨絕，闢之為違天，皆不知二五之為十者」，對於儒者忽視自然科學知識所造成的愚昧狀態，深感痛心。序文末還希望中國傳統數學能夠發揚光大，與西方數學爭個高低。這種具有科學精神的眼光，在十七世紀的中國，多麼難能可貴！全祖望評論黃宗羲在數學方面的貢獻說：「其後梅徵君文鼎，本《周髀》言，歷世驚以為不傳之祕，而不知公實開之。」（〈梨洲先生神道碑文〉）清代數學研究，在梅文鼎等學者的努力下，取得豐碩成果，超過了以往所有朝代的水平；而這種研究風氣的開拓者，就是黃宗羲。

康熙十七年，清朝政府為了迅速平息三藩之亂，緩和滿漢民族的不融洽，拉攏漢族知識分子，下詔舉行「博學鴻詞」試。命令京官三品以上及科道御史、地方督撫布按等官，推薦

「學行兼優、文詞卓越」的人士，無論已仕、未仕、布衣、罷退之士，均可薦舉。第二年，一百五十多名被薦舉的文士，在體仁閣舉行考試，結果錄取五十人，俱授予翰林院的官職，參加纂修《明史》。著名學者湯斌、施閏章、汪琬、朱彝尊、陳維崧、毛奇齡、尤侗、嚴繩孫等，都參加了這次特別考試，並被錄用。

當時有許多大臣，想薦舉黃宗羲，因為考慮到黃宗羲未必願意出山，遲遲不敢貿然行動。翰林院掌院學士葉方藹，利用經筵講官之便，直接向康熙皇帝舉薦了黃宗羲，並隨即行文通知吏部。黃宗羲的弟子、翰林院庶吉士陳錫嘏，深知老師的為人，竭力為黃宗羲推辭，此事才算作罷。後來「博學鴻詞」名錄中，黃宗羲的名字下面寫著四個字：「患病不到」。黃宗羲有一封〈與陳介眉庶常書〉，即致陳錫嘏的信，是黃宗羲得知京城有人薦舉他而受到陳錫嘏「力止」之後所寫。信中說：「某年近七十，不學而衰，稍涉人事，便如行霧露中。……若復使之待詔金馬，魏野所謂斷送老頭皮也。」顯示出一種堅定不移的決心。康熙十九年，明史館總裁徐元文，以為黃宗羲「非能召使就試者」，「或可聘之修史」。根據徐元文的建議，康熙皇帝特旨，召黃宗羲入明史館，並詔令地方督撫「以禮敦遣」。黃宗羲又「以老病堅辭不行」。康熙皇帝和葉、徐等大臣，知道不能勉強，便責令浙江督撫，將黃宗羲有關明史的論著、史料抄錄送京，移交史館；並聘請他的兒子黃百家、弟子萬斯同參與修史。到康熙二十九年，黃宗羲八十一歲時，徐元文兄刑部尚書徐乾學，還在康熙皇帝面前稱讚黃宗羲的學問淵博，「此外更無其倫」。康熙表示，「可召之京」。徐乾學知道不可羅致，只好「對以篤老，

恐無來意」。康熙帝嘆息說：「得人之難如此！」（見〈梨洲先生神道碑文〉）

康熙皇帝舉行「博學鴻詞」試，羅致著名學者纂修《明史》，應該說是十分開明的政策。許多在社會上享有盛名的文人學士，已不可能、也不願意循著秀才、舉人、進士那條正常的科舉之路走進仕途。採用皇帝直接徵召的特殊方法，便可以將一些被埋沒的人才，一下子推舉到國家重要崗位上。這對於國家的文化學術事業，非常有利，也改善了清朝政權在漢族知識分子心目中的形象。當時一大批知識分子被薦舉後，奔赴京城應試，是不難理解的。但是，中國的讀書人，向來崇尚名節，講究出處。黃宗羲在改朝換代之後，堅持不應試、不出仕，完美地體現了中國傳統的節操。在這次「博學鴻詞」試中，被推薦而誓死不就試的，還有顧炎武、傅山、李顒、魏禧等著名學者。由於中國傳統觀念深入人心，無論是後世，還是當時，他們都受到朝野的敬重。朱彝尊因「博學鴻詞」試，由布衣一躍而為翰林院檢討，不久又任起居注館日講起居注官，入值南書房，而他在致黃宗羲的信中，不無遺憾地說：「余之出，有愧於先生。」（見《南雷文定．附錄》）復社名士陳貞慧的長子陳維崧，任翰林院檢討後，在致黃宗羲的信中說：「崧不肖，不能守父遺教，遂嬰世網，其為先生所屏棄也固宜；惟是祖父以來，與尊門同其出處者，五十年於茲矣，儻不以不孝孤而終棄之也，維崧幸甚，先君子亦幸甚！」（同上）這都表明，像黃宗羲這樣保持晚節的人，在當時人們心目中，是處於何等地位。

黃宗羲在〈謝時符先生墓誌銘〉中說：「遺民者，天地之元氣也。然士各有分，朝不坐，宴不與，士之分亦止於不仕而已。」黃宗羲正是抱著這樣的立身處世的原則，度過後半生的。當恢復舊王朝既無可能又無必要的時候，一個遺民的氣節，主要表現在「不仕」。所以，黃宗羲在〈謝時符先生墓誌銘〉中又說：「宋遺民如王炎午者，嘗上書速文丞相之死，而己亦未嘗廢當世之務。是故種瓜賣卜，呼天搶地，縱酒祈死，穴垣通飲饌者，皆過而失中者也。君之所處為得中矣。」要求處之「得中」，這是很通達的態度。由明入清的遺民，很多都持這種態度。他們自己不應試，不出仕；但與應試、出仕的人，保持著聯繫和交往，也不反對子弟和學生去應試、出仕，對於「修史」這種關係前代典章制度和人物的大事，他們也願意提出自己的意見。顧炎武堅決拒絕徵聘，拒絕參與修《明史》，而他的外甥徐元文、徐乾學，一個是順治年間的狀元，一個是康熙初年的探花，備受皇帝的寵信。元文官至文華殿大學士，乾學官至左都御史、刑部尚書，而且都先後擔任過明史館的總裁。顧炎武同這兩位外甥書信往來密切，到京城也住在他們府上。顧炎武在致外甥的信中，常常就《明史》的纂著，乃至如何做官為宦，提出自己的建議。如有一封給徐元文的信，開頭就說：「所謂大臣者，以道事君，不可則止。吾甥宜三復斯言，不貽譏於後世，則衰朽與有榮施矣。」（《亭林文集・卷三》）大旨是勉勵元文做一個正直的官僚，而「以道事君」的「君」，不就是清朝的皇帝嗎？信的後面還涉及隴西、上郡地區的旱荒，建議「與其賑恤於已傷，孰若蠲除於未病」。這又是對清廷施政的建議。如今的讀者，如果不懂得當時遺民們的心態和處世原則，便會對顧炎武的氣節感到困惑了。黃宗羲也是這樣。他不應聘修《明史》，卻送兒子和學生上京參與修史，而且不時回答史館的詢問，就某些重要問題提出自己的意見。他受人之託，為清朝的官員和得到清朝表彰的節婦所撰寫的傳記中，使用過「國朝」、「王師」等詞語，甚至稱康熙皇帝為「今聖天子無幽不燭」。這都是不難理解的，一個不「廢當世之務」的遺民，不能不如此。

康熙二十七年，黃宗羲七十九歲，自知不久於人世，便在化安山他父親的墓旁，為自己造了一個墓穴，裏面安放了一個石床。他死前多次囑咐家人：「吾死後，即以次日抬至壙中，一被一褥，安放石床，不用棺槨。」康熙三十四年七月黃宗羲死後，兒子百家不敢違抗遺命，只得將他「不棺而葬」。黃宗羲為甚麼要求「不棺而葬」呢？全祖望在〈梨洲先生神道碑文〉中說：「公自以身遭國家之變，期於速朽。」這是符合黃宗羲心理的。黃宗羲始終沒有忘記亡國之痛，最後抱著亡國之痛，悽然離開人世。

三　黃宗羲的存世著作與學術貢獻

黃宗羲留給後世的著作，有一百多種，一千多卷，真可用得上「車載屋貯」。可惜由於種種原因，他的著作散佚很多，今天無法得見其全數。

黃宗羲的著作，涵蓋了經學、史學、政治學、天文曆法、地理、數學等各方面。如《易學象數論》、《孟子師說》、《明儒學案》、《行朝錄》、《留書》、《明夷待訪錄》、《今水經》、《四明山志》、《授時曆故》、《西洋曆法假如》，都是世人所珍視的傳世之作。又有詩集、文集多種，如《南雷詩曆》、《南雷文案》、《南雷文定》等。他還編有《明文海》一書，共四百八十二卷，是明朝三百年文章的大型選本。

黃宗羲的學術貢獻，最大在史學方面。梁啟超說：「清代經學之祖推炎武，其史學之祖當推宗羲。」（《清代學術概論》）黃宗羲的史學特點是，注重研究現代史。他抱著「國可滅，史不可滅」的宗旨，努力搜求明代的史料，尤其是對南明歷史資料的搜求與整理，用力特勤。《行朝錄》以及他的《弘光實錄抄》、《海外慟哭記》、《思舊錄》，合起來便是南明諸朝的史記。不僅如此，黃宗羲撰寫的散文，如碑志、傳狀、書序等，也多是有關明朝歷史和重要人物的文章，可以作為史料來讀。他在《南雷文定》的凡例中說過：「余多敘事之文。嘗讀姚牧菴、元明善集，宋元之興廢，有史書所未詳者，於此可考見。……余草野窮民，不得名公鉅卿之事以述之，所載多亡國之大夫，地位不同耳。其有裨於史氏之缺文，一也。」這可見黃宗羲是有意使自己的文章，成為明清之際的歷史文獻，以留待後人考索。黃宗羲治史，「異於後之言史多偏於研古者」（錢穆《中國近三百年學術史》第二章），尤其異於後來專門從事古代史的考證箋注者。

《明儒學案》是黃宗羲史學的代表作。這是一部近百萬字的學術史專著，共六十二卷。全書依學派分類，對明朝儒學各個流派的思想主旨及傳衍變化，作了提綱挈領的評述。規模宏大，脈絡分明，深受當時和後代學者的推崇。《四庫全書總目提要》稱這部書，不僅可考見「諸儒源流分合之故」及「其得失」，而且從中可知「明季黨禍所由來，是亦千古之炯鑑矣」。梁啟超說：「中國之有學術史，自此始也。」（《清代學術概論》）在黃宗羲之前，朱熹的《伊洛淵源錄》，周汝登的《聖學宗傳》，孫奇逢的《理學宗傳》，都是學術史性質的著作；但這些著作，或材料不完備，或甄別不精，或評注不得要領，或體例雜亂，都不能與黃宗羲的《明儒學案》相比擬。《明儒學案》，是中國第一部系統完整的學術史著作。中國史書中，也由此而誕生了一種「學案」體。

黃宗羲還有《宋儒學案》、《元儒學案》之作。他僅撰寫一部分就去世了。黃百家以及全祖望、王梓材，先後續補成一百卷，題為「宋元學案」。《宋元學案》「與《明儒學案》一氣呵成，為六百年間學術之總匯」。

相傳黃宗羲八十歲以後，尚矻矻不休，忙於著書。他同時代的人，已稱他為「東南大儒」、「當代之斗極」。近世學者，將他和顧炎武、王夫之，並稱為清初三大思想家；而有的學者認為，清初諸老中「讀書最多、最博學」的，是黃宗羲。

四　《明夷待訪錄》的涵義與宗旨

順治十年，黃宗羲還在東躲西藏的時侯，就寫了一本有關治國安邦的著作——《留書》。《留書》好像是《明夷待訪錄》某些篇章的初稿。「留書」的意思是留給後人去實行，同「待訪錄」的意思很相近。

順治十八年冬，黃宗羲陪母親返回餘姚黃竹浦故居，開始把精力專注於學術方面。第二年，即康熙元年，他著手撰著《明夷待訪錄》。中間曾因家中失火暫時停筆。康熙二年完成此書。

《明夷待訪錄》是黃宗羲提出的一部治國大綱，包括政治、經濟、法律、軍事、教育、文化等等各方面的規劃與建議，也有關於政治上最高原理的闡發。黃宗羲明經通史，究心於當時之務。《明夷待訪錄》是他以經術為根柢，研究歷代「治亂之故」和明代亡國教訓之後的結論，是他經術、史論、時務三者合一的代表作。這部著作，既閃耀著民主啟蒙思想的光輝，又發揮了儒家聖賢的社會理想。

書名為甚麼叫做「明夷待訪錄」呢？待訪，意思是留待以後的明主賢君來訪求並採用。黃宗羲處在「天崩地解」的亂世，對未來卻沒有絕望。他相信天運終會好轉，那時自己雖然老了，也會「如箕子之見訪」（《明夷待訪錄·題辭》），他設計的治國綱領，將會付諸實踐，天下將會轉為治世。箕子是商紂的大臣、商紂王的父輩，曾經勸諫紂王，被紂王囚禁。周武王滅商以後，釋放箕子，並親自訪問箕子，向箕子請教治國大法。孔子說：「殷有三仁焉。」（《論語·微子》）箕子是其中之一。黃宗羲以箕子自況，他所期待的君主，當然不是秦漢以後的那種專制皇帝，而是如同周武王、周文王、商湯、夏禹、堯、舜那樣的聖君。本書〈建都〉、〈財計一〉等篇中說的「後之聖王」、「有王者起」，就是黃宗羲期待來訪的人物。

「明夷」是《易經》的卦名，卦象為離下坤上（䷣）。離代表太陽，坤代表地，象徵太陽在地平線下。《左傳・昭公五年》中有一段關於「明夷」卦的解釋：「明夷之謙，明而未融，其當旦乎！」意思是：黑夜剛破曉，太陽沒有出來，所以天還沒有明亮。換成我們現在的說法，就是處於黎明前的昏暗。黃宗羲撰寫本書的時候，認為幾十年後，天下會轉為治世，眼前只是黎明前的黑暗，所以在書名上冠以「明夷」二字。他在〈題辭〉中還借用《左傳》對「明夷」的解釋說：「『大壯』之交，吾雖老矣，如箕子之見訪，或庶幾焉！豈因夷之初旦，明而未融，遂祕其言也。」意思是：天運好轉以後，我雖然老了，或許同箕子差不多吧，會有明主來訪問，怎麼能因為當今處於黎明之前的昏暗，就隱祕自己的著述呢！

「明夷待訪錄」這個書名完整的涵義是：在黎明前的昏暗時期所寫，等待以後的明主賢君來訪求的著作。近年有人看到黃宗羲及其友人曾稱本書為《待訪錄》，便推測黃宗羲給本書的命名只有「待訪錄」三個字，「明夷」是全祖望撰寫〈梨洲先生神道碑文〉和慈谿二老閣刊刻此書時所加。這個推測是沒有道理的。「明夷」二字的意思，黃宗羲已經寫進書前〈題辭〉中，而且現今所傳黃宗羲為《留書》寫的跋文中說：「癸巳秋，為書一卷，留之篋中。後十年，續有《明夷待訪錄》之作，則其大者多採入焉，而其餘棄之。甬上萬公擇謂尚有可取者，乃復附之《明夷待訪錄》之後，是非余之所留也，公擇之留也。」兩次使用「明夷待訪錄」這個書名，表明黃宗羲所題書名中，本有「明夷」二字。全祖望和二老閣主人，都是黃宗羲的後輩，對黃宗羲極為敬仰，不可能自作主張，改變黃宗羲的書名。古人舉書名常用簡稱，黃宗羲及其友人所說的《待訪錄》，不過是《明夷待訪錄》的簡稱而已。

傳世的《明夷待訪錄》，共二十一篇。全祖望說：「原本不止於此，以多嫌諱弗盡出。」（〈明夷待訪錄跋〉）不知全祖望說的是否確實，但我們看現存的二十一篇，卻是一個基本完整的架構。這二十一篇中，開頭三篇——〈原君〉、〈原臣〉、〈原法〉，論證國家的主人，應是天下萬民，而不是君主。由此構成全書立論的基礎。

五　黃宗羲的反專制思想與民主意識

君主專制，是中國幾千年根本的政治制度，也是中國歷史上一切災難的根源。《明夷待訪錄》，開宗明義就是批判君主專制制度。它的批判，不是停留在帝王的昏庸、吏治的腐敗那樣的層面上，而是從根本的合理性上予以否定，要求進行徹底的改造。中國儒家經典中，本來就有一些民本思想和大同理想。如《禮記・禮運》中說：「大道之行也，天下為公，選賢與能，講信修睦。」《孟子》書中說：「民為貴，社稷次之，君為輕。」「君之視臣如手足，則臣視君如腹心；君之視臣如犬馬，則臣視君如國人；君之視臣如土芥，則臣視君如寇讎。」黃宗羲根據儒家的民本思想和大同理想以及史書上有關天子禪讓的記載，引申發揮，說明君、臣及法律制度的本原；然後與現行的專制政體相比較，從而證明專制君主，違背設君的本意，專制政體下的官僚違背臣道，專制政體下的法律制度是「非法之法」。

按照黃宗羲的論述，人類社會最初的君主，是為興公利、除公害而設立的；所以那時侯的君主，比天下一般人要勤勞千萬倍，而又沒有任何私利可圖。後世的歷代君主，違背設君的本意，把天下視為自己的私產，藉君主的權勢，肆無忌憚地謀求私利與個人享樂，從而給天下造成無窮禍患，成為天下的大害。

後世的君主，為甚麼會同古代的君主如此截然相反呢？黃宗羲說：「此無他，古者以天下為主，君為客」；「今也以君為主，天下為客」。古代國家的主人是天下萬民，後世國家的主人是君主。古代的君主，只是天下萬民的公僕；後世君主，獨攬「天下利害之權」，「以天下之利盡歸於己，以天下之害盡歸於人，亦無不可」。換句話說，後世是君主專制制，君主與天下萬民的主客關係被顛倒了。這就是中國幾千年「有亂無治」的禍根。不言而喻，要由「有亂無治」的社會進入「治世」，就必須恢復君主本來的職分，建立「以天下為主，君為客」的國體。

與君主的職分緊相聯繫的是臣道。黃宗羲說，臣本為治理天下而設，職責是為天下萬民服務，不是為君主個人效命，其身分是君主的師友；後世專制政體下的為臣者，專一為君主一人一姓效命，而無視天下萬民的禍福。在專制政體下，君主以臣為僕妾，為臣的甘願做君主的僕妾，世俗也習慣於將臣子視為君主的僕妾。

法律制度呢？黃宗羲分析說，夏、商、周三代以前的法律制度，是為天下萬民制定的；三代以後的法律制度，是君主為個人的私利而制定的，是「一家之法而非天下之法也」。因此，三代之法疏闊而社會安寧；後世之法嚴密卻導致無窮的爭奪與禍亂。黃宗羲認為，在專制君主「一家之法」的體制下，無論是變法還是守祖宗成法，或是注重選賢與能，都無濟於事；只有恢復三代以前的「天下之法」，社會才得安寧，百姓才會有康樂。在人治與法治的關係上，黃宗羲強調法治，認為「有治法而後有治人」，有了使天下太平安樂的法度，然後才會有善於治理天下的人；在專制君主的「一家之法」的束縛下，即使有能治之人，也會受到牽掣和現行法度的限制，無所作為。

按照〈原君〉、〈原臣〉、〈原法〉三篇關於君、臣及法律制度的論述，進一步的推論，應該是實行民主共和制；但由於中國歷史上缺乏選舉和人民代表會之類的傳統和經驗，黃宗羲贊成湯武革命，卻不懂得讓人民群眾推選興公利、除公害的「王者」，也不懂得讓人民群眾制定為萬民造福的「天下之法」。黃宗羲要求「以天下為主，君為客」，要求有「為天下」的君主；但他沒有解決這樣的君主如何誕生的問題。〈建都〉篇中說到「有王者起，將復何都」，〈田制一〉中說，「吾意有王者起，必當重定天下之賦」。〈財計一〉中說，「後之聖王而欲天下安富，其必廢金銀乎」。從這些地方去體會，黃宗羲期待的明主賢君，原來是依靠應運而生，天下萬民無權去選擇。這同近代的民主思想，還有一定的差距。我們不妨稱之為民主啟蒙思想，或民本思想。

六　黃宗羲的政教主張

〈置相〉一篇，是黃宗羲關於組織中央政府的設想。他是主張「置相」的，即實行內閣制。他認為，明朝廢除宰相以後，百官進一步淪為天子的奴僕，宦官乘機竊取朝廷大權，以致天下政事，更加乖謬昏亂。但是，黃宗羲主張設置的宰相，不是專制政體下「君驕臣諂」的那種宰相，而是與天子、百官同立於朝，共同議政的宰相。這種宰相和天子、百官，都是為治理天下而設的，都是為萬民造福的，只有爵位和級別的差異，沒有主奴之分。

為了杜絕君主專制獨裁，黃宗羲還主張設立具有議政和監察作用的學校。這是〈學校〉一篇的主要內容。學校本來是教育場所。黃宗羲說，古之聖王設立學校，「不僅為養士」，「必使治天下之具皆出於學校，而後設學校之意始備」。意思是，學校不僅是培育人才的地方，一定要讓治理國家的典章制度，都由學校醞釀產生，設立學校的目的，才算完全達到。這就是說，讓學校成為議政的場所。「天子之所是未必是，天子之所非未必非，天子亦遂不敢自為非是，而公其非是於學校。」天子要把政事交給學校討論，聽取學校的意見。中國歷史上有過兩次學生運動。一次是東漢末年，太學生三萬餘人，在郭泰、賈彪的帶領下，評議朝政，抨擊宦官，自公卿以下，莫不畏其貶議。一次是北宋末年金人圍汴京時，陳東率領太學諸生和市民伏闕上書，請求復用主戰派李綱。黃宗羲熱情讚揚這兩次學生運動，認為當時朝廷，如能「以其所非是為非是」，那些盜賊奸邪，就會懾服在正義力量的面前，國家便可以得到保全。

黃宗羲關於學校的具體意見是：推選當世大儒，擔任太學祭酒（太學主管官），其社會地位與宰相相等；府縣學官，由地方公議邀請名儒擔任。每月朔日，天子帶領宰相、六部尚書、諫議官到太學，同弟子們坐在一起，聽祭酒講學。「政有缺失，祭酒直言無諱。」地方上每月朔望，郡縣長官集合士大夫，聽學官講學，評論政事。「郡縣官政事缺失，小則糾繩，大則伐鼓號於眾。」即可以當眾譴責。按黃宗羲的主張，不僅朝廷官員和天子共同議政；學校師生也要參政、議政，監督、評論天子和各級官員。這樣一來，天子就不能成為獨斷專行的專制主義者，各級官員也不敢為所欲為，政治便附屬了相當民主的性質與條件。

官吏如何選拔，是國家政治生活的又一個重要問題。〈取士上〉和〈取士下〉是黃宗羲關於選拔人才的專論。黃宗羲對於八股取士的科舉制度，作了猛烈的抨擊。他主張採用多種方式取士，除科舉考試以外，還可以採用地方推薦、太學選拔、僚佐提升等辦法；對於造詣獨到或學識卓異的特殊人才，還可以採用直接徵召的特殊辦法。目的是盡量拓寬選拔人才的途徑，使人才不致被埋沒，「士之有賢能者，不患於不知。」他所主張的科舉考試，也不是空疏、浮薄的八股取士；而是包括經、史、諸子，既要掌握史事和前人注疏，又要發表個人見解的一種較為注重實學的考試。

朝廷和地方政權的權力分配問題，在中國歷史上，一直是難於處理的政治問題。歷史上有過封建制，即帝王把爵位、土地分封給諸侯，讓諸侯在封地內建立邦國。柳宗元批評封建制，「列侯驕盈，黷貨事戎」，「末大不掉」；認為周朝衰亡的根源就在於封建制，漢朝初年接二連三地發生叛亂，根源也在於部分實行封建制。與封建制相對的是郡縣制，即中央集權制。郡縣制有利於國家的統一，但又有利於君主專制，因而也有其弊病。顧炎武批評「郡縣之失，其專在上」（《亭林文集・郡縣論》）。郡縣沒有事權，沒有利權，沒有兵權，「尚何以復論其富國裕民之道哉」。顧炎武主張「寓封建之意於郡縣之中」（〈郡縣論〉），即增加郡縣守令「生財治人之權」，甚至允許一定條件下的世襲。黃宗羲抱著儒家「復三代之治」的理想，在《留書・封建》和本書〈原法〉篇，主張恢復封建制。但在〈方鎮〉篇，他也覺得封建之事太遙遠了，很難恢復；而且他又認為封建制和郡縣制都有弊病，「封建之弊，強弱吞併，天子之政教，有所不加；郡縣之弊，疆場之害，苦無已時」。要克服兩者的弊病，吸取兩者的長處，他主張在沿邊設立方鎮。

黃宗羲主張恢復封建，主要是為了增加國力，抵禦「夷狄」的入侵，這在《留書・封建》中，已表述得很清楚。他主張取封建、郡縣二者之長，在沿邊設立方鎮，目的也是增加國力，抵禦「夷狄」的入侵。他設置方鎮的具體方案是，從遼東、薊州，向西延伸至甘肅、延綏，以及雲南、貴州，沿邊設置多處方鎮。田賦商稅，由方鎮自行徵收；一切政治教化方面的舉措，由方鎮自行決定；屬下官員自行徵聘。如果方鎮的統帥，一生能使兵民輯睦、疆場安寧的，後代可以繼承職位。這同顧炎武的「寓封建之意於郡縣之中」的基本精神是一致的，或許帶有以地方分權制約君主行使集權的意義；但真要實行起來，也必然會造成軍閥割據的局面。黃宗羲畢竟是一個儒家學者，有時會表現出迂腐的一面。

七 黃宗羲的軍經思想

《明夷待訪錄》對於國家經濟方面的制度和政策、軍事方面的制度和政策，也給予極大的注意。

中國古代以農業立國，土地制度是國家最重要的經濟制度。黃宗羲認為，古代聖王「知天下之不可無養也，為之授田以耕之」。授田，即傳說的井田制。〈田制一〉至〈田制三〉論後世拋棄井田制，專制君主不僅不「授田以養民」，反而日甚一日地加重賦稅，剝削天下百姓，百姓一代比一代貧困。為了解救「生民之戚戚」，應「重定天下之賦」，減輕百姓的負擔。而要從根本上解救百姓，黃宗羲則認為，必須恢復井田制。他說的恢復井田制，並不是講究「方里而井，井九百畝」的一套形式上的規制。他要恢復的，只是井田制的本意——「授民以田」，即把土地收歸國有，平均分配給民戶。因此，他說可以仿照明代衛所的屯田來恢復井田制：每戶授田五十畝，分授之後，剩餘的田地，則聽任富民去買賣。國家分配的田地，按十分之一的稅率徵收田賦；個人私有的土地，按二十分之一的稅率徵收田賦。

中國歷史上的土地制度屢經變化，但可以說沒有一種是盡善盡美的制度。商、周的井田制，是土地國有。秦漢以後，確立了土地私有制。而董仲舒有過限制民田的建議，師丹、孔光承襲他的主張，規定私人占田不得超過三十頃。曹魏利用戰亂之後，出現大量無主荒地，實行過屯田，把流民組織起來，分授田地耕種、納賦。西晉、北朝及隋唐，都有過不同形式的授田。宋朝、明朝也有屯田。這些可以說都是國家對土地私有權的種種干預。但是，土地私有制，在歷史上愈來愈占優勢，土地常常集中於少數豪強手中，從而給中國社會造成貧富懸殊和無窮的禍亂。孟子說：「夫仁政，必自經界始。」（《孟子・滕文公上》）正經界，就是恢復被破壞的井田制。黃宗羲作為一個儒家學者，特別是對孟子的民本思想多有發揮的學者，自然會想用公有的井田制，來代替土地私有制。結合他那個時代土地狀況來考慮，我們不妨說他在土地問題上的主張，帶有平均地權的意義。

黃宗羲的經濟思想，還有一個獨特之處，是一反中國傳統的「重農抑商」、「農本商末」的觀念，提出「工商皆本」的思想。他說：「世儒不察，以工商為末，妄議抑之；夫工，固聖王之所欲來，商又使其願出於途者，蓋皆本也！」（〈財計三〉）認為工商業和農業，均為國家之本，應當同樣受到重視，同樣得到發展。這種新見解，同明代後期商品經濟的發展，是相適應的。同時，在傳統思想裏，也有一定的依據，如《漢書・食貨志》中就說：「〈洪範〉八政，一曰食，二曰貨。食謂農殖嘉穀可食之物；貨謂布帛可衣，及金刀龜貝，所以分財布利通有無者也。二者，生民之本。興自神農之世，斲木為耜，煣木為耒，耒耨之利以教天下而食足。日中為市，致天下之民，聚天下之貨，交易而退，各得其所而貨通。食足貨通，然後國實民富而教化成。」既重視農業，又重視工商業，必然有利於社會進步和經濟繁榮，有利於小農業的自然經濟向商品經濟的轉化。

黃宗羲也強調「崇本抑末」。他說的「抑末」，是革除各種侈靡的習俗，禁絕各種蠱惑人心、勞民傷財的迷信活動。他描述當時的狀況：「倡優之費，一夕而中人之產；酒肆之費，一頓而終年之食；機坊之費，一衣而十夫之煖。」「今夫通都之市肆，十室而九，有為佛而貨者，有為巫而貨者，有為倡優而貨者，有為奇技淫巧而貨者，皆不切於民用。」他認為，如果不將這些革除，「民仍不可使富也」。

為了使「天下安富」，財貨流轉便利，《明夷待訪錄》又專門討論了貨幣問題。黃宗羲反對把金銀當貨幣使用，主張在流通領域，使用統一的錢幣和紙鈔。歷史上的錢幣，曾出現很混亂的情形。黃宗羲建議：「京省各設專官鼓鑄；有銅之山，官為開採。」「千錢以重六觔四兩為率，每錢重一錢；製作精工，樣式畫一。」紙鈔「以尺寸之楮，當金銀之用」，難以取得百姓的信任。黃宗羲說：紙鈔可行、不可行的關鍵，在於發行紙幣時，有無相應的本錢（準備金）。看來，黃宗羲對貨幣問題，經過了深入的思索與研究；他的意見，無疑有利於商品經濟的發展。

〈兵制一〉、〈兵制二〉、〈兵制三〉專論國家的軍事問題。黃宗羲在總結明朝亡國教訓的基礎上，提出新的徵兵、養兵制度的設想：按人口的一定比例抽兵，分民戶養兵。具體辦法是：教練時五十個人出兩個兵，徵調執行任務時，五十個人出一個兵；十戶人家，養一個執行任務的兵，教練中的兵，不依靠百姓養活。這個辦法，帶有義務兵役制的性質，同歷史上的募兵制、府兵制以及明代的衛所制、清代的旗兵制都不相同。其基本特點是兵來自於民，養資於民；兵民不完全分離。

黃宗羲在軍事問題上的又一個重要主張是：國家武裝力量，應由深明大義的文臣或儒將統率，不能把軍事指揮權，交給以粗暴為能的小人。他反覆強調，用兵是「安國家，全社稷」的大事，不是簡單的「尚力」、「陰謀」之事；明朝的敗亡，並非體力與計謀不夠。因此，他倡導儒生「知兵書戰策」，武官知書識禮，以使文武職官合為一途。黃宗羲本人，是實踐自己主張的。他是個書生和學者，當社稷危亡、國家遍地戰火之際，他也能組織義兵，指揮戰鬥，其見識謀略，遠在一般武夫之上。

八　《明夷待訪錄》的歷史影響與價值

《明夷待訪錄》抨擊在中國行之已久的君主專制制度，揭露這個制度所衍生的一系列社會弊端；大聲疾呼地把天下萬民，當作國家的主人；要求為君者、為臣者，以及一切法律制度，都為天下萬民謀福利。書中從這個基本要求出發，全方位地設計了各種制度和辦法。毫無疑問，《明夷待訪錄》提出的治國綱要，在政治上，帶有民主的傾向，也有利於商品經濟的發展和社會的進步。在那個極端專制、黑暗的時代，這部書的出現，就像是驚世的春雷，是討伐舊制度、呼喚新政的宣言。

這是一部具有超前意識的書，然而書中又處處以「復三代之治」為理想。這是為甚麼？難道黃宗羲陷入了甚麼怪圈？不是的。古今中外許許多多思想家，在努力推動社會前進的時候，往往要標榜自己的主張是「復古」、「復興」。究竟是他們的本意如此，還是假借古人名義以減少阻力，這就要具體分析，各人的思想狀況不同。黃宗羲是一個儒家學者。儒家從孔子、孟子開始，就把「三代之治」當作自己追求的理想，儘管他們誰也沒有親身經歷過，或親眼看到過「三代」。黃宗羲說自己的治國綱要，是為了「復三代之治」，他有些具體規劃，也是向擬想的「三代之治」靠攏，這是誠心誠意的。他的本意就是如此。黃宗羲正是把他的民主啟蒙思想，同儒家聖賢的社會理想結合起來了。

康熙十五年，已經六十多歲的顧炎武，在北方讀到《明夷待訪錄》，深為佩服，於是給黃宗羲寫了一封信。信中說：「伏念炎武自中年以前，不過從諸文士之後，注蟲魚、吟風月而已。積以歲月，窮探古今，然後知後海先河，為山覆簣，而於聖賢六經之指，國家治亂之原，生民根本之計，漸有所窺，恨未得就正有道。頃過薊門，見貴門人陳、萬二君，具諗起居無恙。因出大著《待訪錄》，讀之再三，於是知天下之未嘗無人，百王之敝可以復起，而三代之盛可以徐還也。天下之事，有其識者，未必遭其時，而當其時者，或無其識，古之君子，所以著書待後，有王者起，得而師之。」（黃宗羲《思舊錄》）康熙二十年，任日講起居注官、浙江鄉試正考官的湯斌，在致黃宗羲的信中說：「戊午入都，於葉訒老案頭，得讀《待訪錄》，見先生經世實學。史局既開，四方藏書大至，獨先生著述宏富。一代理學之傳，如大禹導山導水，脈絡分明，事功文章，經緯燦然，真儒林之巨海，吾黨之斗杓也。」（《南雷文定・附錄》）戊午為康熙十七年，葉訒老即翰林院掌院學士葉方藹。湯斌這次入都，是參加博學鴻詞試，他在葉方藹的案頭讀到《明夷待訪錄》，並評為「經世實學」。這些蛛絲馬跡，使我們看到《明夷待訪錄》當時在學者們中間的影響。然而，清朝專制政權，不斷強化其統治，文網日密，《明夷待訪錄》只有「待後有王者起」了。

清朝末年，黃宗羲所待之「時」，終於來到。雖然沒有應運而生的「王者」、「聖王」，但這部激烈反對君主專制主義，要求把天下萬民當作國家主人的書，稍加引申，就成了維新青年的啟蒙書，成了宣傳民主共和的思想武器。梁啟超在《中國近三百年學術史》中回憶說：《明夷待訪錄》「實為刺激青年最有力之興奮劑。我自己的政治活動，可以說是受這部書的影響最早而最深。」還說：「光緒間，我們一班朋友曾私印許多送人，作為宣傳民主主義的工具。」梁啟超又在《清代學術概論》中說，《明夷待訪錄》「真極大膽之創論也」，「梁啟超、譚嗣同輩，倡民權共和之說，則將其書節鈔，印數萬本，祕密散布，於晚清思想之驟變，極有力焉。」

如今，時代已經大大前進了，但《明夷待訪錄》留在歷史上的思想光輝，仍將引人注目。黃宗羲說過：「史不可滅。」歷史上的光輝思想，將永遠為後人所珍視。

題辭

余嘗疑孟子「一治一亂」❶之言，何三代❷而下之有亂無治也？乃觀胡翰❸所謂「十二運」❹者，起周敬王甲子❺以至於今，皆在一亂之運；向後二十年交入「大壯」❻，始得一治，則三代之盛猶未絕望也。前年❼壬寅❽夏，條具❾為治大法❿，未卒⓫數章，遇火⓬而止。今年自藍水⓭返於故居⓮，整理殘帙⓯，此卷猶未失落於擔頭艙底。兒子某某⓰請完之。冬十月，雨窗削筆⓱，喟然而嘆⓲曰：昔王冕倣《周禮》著書一卷，自謂「吾未即死，持此以遇明主，伊呂事業不難致也」⓳，終不得少試⓴以死。冕之書未得見，其可致治㉑與否，固未可知，然亂運未終，亦何能為？「大壯」之交，吾雖老矣，如箕子之見訪㉒，或庶幾焉㉓！豈因夷之初旦，明而未融㉔，遂祕其言也。癸卯㉕梨洲老人㉖識。

【章旨】題辭的性質，近似書的序文。梨洲這篇題辭，除交代本書的寫作經過以外，著重說明著書的意圖。當時，中國正處於「天崩地解」的亂世，梨洲抱著「復三代之治」的宏願，撰著本書。他期待不久之後，天運好轉，有明主賢君前來訪求並採用，因此名為「待訪錄」。

【注釋】❶一治一亂　《孟子・滕文公下》記孟子語：「天下之生久矣，一治一亂。」意思是人類社會的歷史，太平與戰亂，總是循環往復不已。❷三代　夏、商、周三個朝代的合稱。❸胡翰　元末明初著名學者，字仲申，別號仲子，浙江金華人。早年居南華山，著書自適。明朝建國後，應聘至金陵，曾參與纂修《元史》。晚年回鄉閑居，徜徉山水十餘年。著作有《春秋集義》、《胡仲子集》。❹十二運　《胡仲子集・衡運》中提出，天下治亂盛衰，「紀之以十二運，統之以六十四卦」；「十二運，上下萬有一千七百八十載」，周而復始。此說將人類社會的一萬一千七百八十年歷史，視為一個大週期，分成十二運，每一運又以若干卦統之，總共由六十四卦統之。胡翰在〈衡運〉篇末交代，「十二運」的說法，是廣陵人秦曉山傳給他的。❺周敬王甲子　周敬王四十三年，西元前四七七年。《史記》的〈十二諸侯年表〉止於這一年，正當春秋末。❻大壯　《易經》六十四卦之一，卦象是䷡，為陽隆盛之象。天運交入「大壯」，則群陽盛長，群陰萎縮，天下轉為治世。梨洲著本書時，以為二十年後，天下會由亂轉治，可是後來並沒有出現他想望的治世。梨洲後來在〈破邪論題辭〉中寫道：「余嘗為《待訪錄》，思復三代之治。崑山顧寧人見之，不以為迂。今計作此時，已三十餘年矣，秦曉山十二運之言，無乃欺人。」❼前年　前一年。即去年。❽壬寅　此指清聖祖康熙元年，西元一六六二年。❾條具　分條陳述、撰寫。❿為治大法　治理國家的基本法則。⓫卒　完成。⓬遇火　遇到火災。壬寅年梨洲家中兩次失火，見梨洲《南雷詩曆・卷一》〈壬寅二月中遇火次陶韻〉、〈五月復遇火〉二詩。⓭藍水　水名。自浦江縣九靈山流入餘姚縣境，與剡溪、姚江相匯合。梨洲在〈避地賦〉、〈小園記〉、〈重建先忠端公祠堂記〉和〈送萬季野、貞一北上〉詩中也提到此水。⓮故居　梨洲故居，在餘姚縣黃竹浦。⓯殘帙　殘留的書籍。⓰某某　指代一定的人而不說出名字。此時梨洲有三個兒子：長子百藥，次子正誼，三子百家。⓱削筆　刪改定稿。《漢書・禮樂志》：「有司請定法，削則削，筆則筆，救時務也。」顏師古注：「削者謂有所刪去，以刀削簡牘也；筆者謂有所增益，以筆就而書也。」⓲喟然而嘆　長聲嘆息。⓳昔王冕倣周禮四句　宋濂《宋學士文集・卷六〇・王冕傳》記載：王冕「嘗倣《周禮》著書一卷，坐臥自隨，祕不使人觀，更深人寂，輒挑燈朗諷，既而撫卷曰：吾未即死，持此以遇明主，伊呂事業不難致也。」王冕，元末著名詩人、畫家，字元章，浙江諸暨人。早年自力苦學，因屢應進士試不第，放棄仕途追求，浪遊江湖。晚年見天下將亂，歸隱會稽九里山。朱元璋起兵攻下婺州後，徵召出山，授以諮議參軍，旋即病卒。著有《竹齋集》。伊呂，輔佐商湯的伊尹和輔佐周武王的呂尚，是商、周兩朝的開國元勳。⓴少試　稍為試用。㉑致治　達到太平盛世。致，招來。㉒箕子之見訪　箕子是殷紂諸父，名胥餘，官太師。曾勸諫殷紂，被紂囚禁。周武王滅商後，釋放箕子，並訪問箕子。箕子向武王陳說〈洪範〉，論述治國大法。見訪，被訪。㉓或庶幾焉　或許差不多吧。㉔夷之初旦二句　黑夜剛破曉，天還沒有明亮。梨洲以此語，形容將要交入「大壯」的時代。《左傳・昭公五年》：「明夷之謙，明而未融，其當旦乎！」「明夷」和「謙」都是《易經》的卦名。「明夷」卦是離下坤上：䷣。離代表太陽，坤代表地；太陽在地下，象徵光明受到遮蔽。旦，平旦；破曉。融是明亮的意思。黑夜剛破曉，太陽沒有出來，所以天還沒有明亮。孔穎達解釋說：「據卦，離下坤上，日在地中之象；又爻變為謙，謙是卑退之意。日未出而又卑，故曰明而未融；日明未融，故曰其當旦也。」梨洲借用「明夷」卦，來形容他所處的時代，是因為他自比箕子，而《易經》的「明夷」卦內有「箕子之明夷」、「箕子之貞」等語。㉕癸卯　此指清聖祖康熙二年，西元一六六三年。㉖梨洲老人　黃宗羲別號。宗羲家鄉有梨洲山，為四明山之旁阜。

【語譯】我對孟子「一治一亂」的說法，曾產生疑問，為甚麼夏、商、周三代以後，有亂世無治世呢？看了胡翰所講的「十二運」，從周敬王甲子年起直到現在，都是在「一亂」的運數中；再往後二十年，天運開始轉入「大壯」，才能出現治世，那樣的話，恢復三代的盛況就還沒有絕望。去年壬寅年的夏天，我分條撰寫治理國家的大法，沒有完成幾章，因家中遭火災而停止。今年從藍水返回故居，整理殘留的書籍，發現這本書稿還沒有在擔頭、艙底丟失。兒子某某懇求我寫完它。冬季十月份，雨窗下刪改定稿，喟然嘆息說：從前王冕倣效《周禮》著了一部書，自己說「我不很快死去的話，拿著這本書遇到明主的賞識，伊尹、呂尚那樣的功業不難達到」；結果沒有稍為試用，他就死去了。王冕的書沒能見到，它的效用究竟能不能使天下達到治世，固然不可知，但在亂運沒有結束的時候，又能有甚麼作為呢？天運進入「大壯」的時候，我雖然老了，或許同箕子差不多吧，會有明主來訪問。怎麼能因為當今處於黎明之前的昏暗，就隱祕自己的著述呢！癸卯年梨洲老人記。

原君

【題解】「原」作動詞用，推究本原的意思。本篇探討君主的起源和職分，旨在批評中國歷代的君主專制制度，闡發作者關於設君的主張。作者提出，古代君主的設立，本是為了興公利和除公害，而後世歷代君主，反其道而行之，給天下造成無窮的禍患，君主自己也逃不脫家破人亡的命運。因此，作者主張恢復君主本來的職分，建立「以天下為主，君為客」的國體。

有生❶之初，人各自私也，人各自利也；天下有公利而莫或❷興之，有公害而莫或除之。有人者出❸，不以一己之利為利，而使天下受其利；不以一己之害為害，而使天下釋❹其害。此其人之勤勞，必千萬於天下之人。夫以千萬倍之勤勞，而己又不享其利，必非天下之人情所欲居也。故古之人君❺，量而不欲入❻者，許由❼、務光❽是也；入而又去之者，堯、舜是也❾；初不欲入而不得去者，禹是也❿。豈古之人有所異哉？好逸惡勞，亦猶夫人之情也。

【章旨】此章根據古代有關天子禪讓的記載，推論人類社會最初的君主，是為興公利、除公害而設立的；那時候的君主，比天下一般人要勤勞千萬倍，而又沒有任何私利可圖。

【注釋】❶有生　有生命。指有人、有人類。❷莫或　沒有甚麼人。❸有人者出　有一個人出來。指人類社會最初的君主。❹釋　解除。❺人君　即國君、君主。❻入　進入。此處是「就其位」的意思。❼許由　唐堯時的高士。相傳堯要把帝位讓給許由，許由不受，逃到箕山之下隱居；堯又召他為九州長，他到潁水洗耳，表示不願意聽到。見《莊子》的〈逍遙遊〉、〈讓王〉及《史記・伯夷列傳》，晉朝皇甫謐的《高士傳》。❽務光　商代的高士。相傳湯想把天下讓給務光，務光不肯接受，負石投水死。見《莊子・讓王》、《荀子・成相》及《史記・伯夷列傳》。❾入而又去之者二句　已經就君位（做了君主）而又離開的。堯將天下讓給舜，舜將天下讓給禹，都沒有傳給自己的兒子，所以說「又去之」。❿初不欲入二句　舜讓天下於禹，禹開始不願接受；因為天下之民擁護禹不擁護舜的兒子商均，禹不得不即天子位。後來禹要把天下讓給益，禹死後天下之民不擁護益而擁護禹之子啟，於是啟即天子位，公天下從此變為家天下。見《孟子・萬章上》、《史記・夏本紀》。

【語譯】人類社會開始的時候，人們各顧各自的利益；對公共有利的事沒人去興辦，公害沒人去清除。有這麼一個人出來，不考慮自己個人的利益，而讓天下人得到利益；不考慮自己個人的損失和災禍，而讓天下人免除災禍。這個人，比天下一般人，必定要勤勞千萬倍。要付出千萬倍的勤勞，而自己又不能享受到利益，這樣的地位，必然不是天下的人心所嚮往的。所以古代君主的位置，許由、務光是考慮了而不願意就其位，堯、舜是已經就其位而又離開的，大禹是本來不願意就其位的，而就位以後，卻沒有辦法離開了。難道古代的人有甚麼特別嗎？喜歡安逸、厭惡勞苦，也同樣是人的常情啊。

後之為人君者不然。以為天下利害之權皆出於我，我以天下之利盡歸於己，以天下之害盡歸於人，亦無不可。使天下之人不敢自私，不敢自利，以我之大私為天下之公。始而慚焉，久而安焉。視天下為莫大之產業，傳之子孫，受享無窮。漢高帝❶所謂「某業所就，孰與仲多」❷者，其逐利之情，不覺溢之於辭矣。此無他，古者以天下為主，君為客，凡君之所畢世而經營者，為天下也；今也以君為主，天下為客，凡天下之無地而得安寧者，為君也。是以其未得之也，屠毒❸天下之肝腦，離散天下之子女，以博我一人之產業，曾❹不慘然❺，曰：「我固為子孫創業也。」其既得之也，敲剝天下之骨髓，離散天下之子女，以奉我一人人之淫樂，視為當然，曰：「此我產業之花息❻也。」然則為天下之大害者，君而已矣！向使無君，人各得自私也，人各得自利也。嗚呼！豈設君之道固如是乎？

【章　旨】此章指責後世歷代君主違背設君本意，肆無忌憚地謀求私利與個人享樂，從而給天下造成無窮禍患，成為天下的大害。

【注　釋】❶漢高帝　漢朝開國皇帝劉邦，諡號高皇帝。劉邦字季，沛縣豐邑人。❷某業所就二句　這是劉邦做了皇帝以後，對他父親說的話。《史記・高祖本紀》記載，「未央宮成，高祖大朝諸侯、群臣，置酒未央前殿。高祖奉玉卮，起為太上皇壽，曰：始，大人常以臣無賴，不能治產業，不如仲力。今某之業所就，孰與仲多？」太上皇即劉邦的父親。「某」是劉邦自稱之詞。「仲」為老二，指劉邦的二哥。有人說，劉邦的二哥名仲。見司馬貞《史記索隱》。❸屠毒　摧殘；糟蹋。❹曾　乃。語氣詞。❺慘然　悲戚的樣子。❻花息　利息。

【語　譯】後來做君主的不是這樣。他們認為自己掌握著天下生殺予奪的大權，即使將天下所有的利益，都歸屬於自己，將天下所有的禍害，都推給別人，也沒有甚麼不可以。他們使天下的人不敢顧及各人的利益，把他們自己的私利，作為天下的公事。開始還有些慚愧，時間一久，便處之泰然了。將天下看成他們自己特大的產業，要傳給子孫，世世代代享用。漢高帝說「我所成就的家業，同老二相比是誰多」，他那追求私利的心情，不知不覺已充分表露在言辭之中了。這沒有別的原因，只因為古代天下百姓是主人，君王是客，君王一輩子所辛勤籌辦的，都是為天下百姓；

現在啊君王是主人，天下百姓是客，普天之下，沒有一個地方能得安寧，都是為了君王。由於這個原因，他們未得到天下的時候，以殘酷戰爭摧殘天下的人民，離散天下的家庭，來博取個人的產業，竟不覺得悽慘，說：「我本是為子孫創建家業。」他們得到天下以後，用嚴刑峻法，敲詐勒索天下的人民，離散天下的家庭，來供自己窮奢極欲的享樂，把這看成理所當然，說：「這是我產業生出的利息。」既然這樣，那麼成為天下最大禍害的，就是君主了！假若沒有君主的話，百姓們各人還能夠顧到自己，各人的利益還可以得到照管。唉！難道設立君主的道理，本來就是這樣的嗎？

古者天下之人愛戴其君，比之如父❶，擬之如天❷，誠不為過也。今也天下之人，怨惡其君，視之如寇讎❸，名之為獨夫❹，固其所也。而小儒❺規規焉❻以君臣之義無所逃於天地之間❼，至桀、紂之暴，猶謂湯、武不當誅之❽，而妄傳伯夷、叔齊無稽之事❾。乃兆人萬姓❿崩潰之血肉，曾⓫不異夫腐鼠！豈天地之大，於兆人萬姓之中，獨私其一人一姓乎？是故武王，聖人也；孟子之言⓬，聖人之言也。後世之君，欲以如父如天之空名，禁人之窺伺者，皆不便於其言，至廢孟子而不立⓭，非導源於小儒乎？

【章　旨】此章論君主的職分顛倒以後，百姓對君主的怨恨和小儒倡導「君臣之義」的荒唐。古代百姓愛戴其君，後世百姓則視君主為仇敵。而後世小儒們卻提倡對君主的愚忠，這不僅是對天下千千萬萬民眾的漠視，也與聖賢的言行相悖異。

【注　釋】❶比之如父　把君主比作父親。《尚書・洪範》：「天子作民父母，以為天下主。」❷擬之如天　把君主比擬為天。《左傳・宣公四年》：「君，天也。」❸寇讎　仇敵。《孟子・離婁下》：「君之視臣如土芥，則臣視君如寇讎。」❹獨夫　一夫；眾叛親離的國君。《尚書・泰誓下》稱商紂為獨夫。❺小儒　見識狹小、淺陋的儒者。❻規規焉　淺陋拘泥的樣子。❼君臣之義無所逃句　《莊子・人間世》記仲尼語：「臣之事君，義也，無適而非君也，無所逃於天地之間。」❽至桀紂之暴二句　《史記・儒林列傳》記漢景帝時，黃生在與轅固生辯論中說：「湯、武非受命，乃弒也。……桀、紂雖失道，然君上也；湯、武雖聖，臣下也。夫主有失行，臣下不能正言匡過以尊天子，反因過而誅之，代立踐南面，非弒而何也？」❾伯夷叔齊無稽之事　伯夷、叔齊，是商末孤竹君的兩個兒子，逃奔到周。周武王伐紂時，伯夷、叔齊叩馬而諫，認為武王是「以臣弒君」。武王滅商後，他們不食周粟，隱於首陽山，采薇而食，終於餓死。伯夷、叔齊之事，在古代廣泛流傳，《論語》、《孟子》、《莊子》等書中多次提到，《史記》有〈伯夷列傳〉。梨洲認為這是無稽（無可查考）之事。❿兆人萬姓　指為數眾多的人民。古時以十萬為億，十億為兆。⓫曾　乃；豈。語氣詞。⓬孟子之言　指孟子對答齊宣王的話。《孟子・梁惠王下》：「齊宣王問曰：『湯放桀，武王伐紂，有諸？』孟子對曰：『於傳有之。』曰：『臣弒其君可乎？』曰：『賊仁者謂之賊，賊義者謂之殘，殘賊之人謂之一夫。聞誅一夫紂矣，未聞弒君也。』」

⓭廢孟子而不立　明太祖（朱元璋）在洪武初年，讀到《孟子》書中抨擊暴君的話，認為孟子對君不遜，怒曰：「使此老在，今日寧得免耶！」於是下令撤去孔廟孟子配享的牌位。以後恢復了孟子的配享，但又特命老儒劉三吾編《孟子節文》，將「民貴君輕」一類章節都予刪除。見《明史》的〈禮志〉、〈錢唐傳〉及全祖望《鮚埼亭集・辨錢尚書爭孟子事》。

【語譯】古代天下百姓愛戴他們的君主，把君主比作父親，把君主比擬為天，的確不算過分。如今天下百姓，怨恨他們的君主，把君主看成仇敵一樣，把君主稱為獨夫，確實是應當的。可是，小儒們卻愚拙地認為君臣間的倫理，是普天下不可逃避的法則，以致桀、紂那樣的暴君，還說商湯和周武王不該討伐他們，並胡亂傳頌伯夷、叔齊那種無可查考的事。在小儒們的心目中，千千萬萬人民大眾受到傷害，竟然無所謂，人民的生命像一文不值的腐鼠一般。難道天地間千千萬萬人民中，僅僅只偏愛君主一人一姓嗎？所以說周武王是聖人，孟子的話是聖人的言論。後世的君主，想要憑藉如父如天的空名義，禁止旁人覬覦君位，都會感到孟子的話對自己不利，以致廢除孔廟中孟子的牌位，這種事件的發生，不是導源於小儒們的謬論嗎？

雖然，使後之為君者，果能保此產業，傳之無窮，亦無怪乎其私之也。既以產業視之，人之欲得產業，誰不如我？攝緘縢，固扃鐍❶，一人之智力，不能勝天下欲得之者之眾。遠者數世，近者及身，其血肉之崩潰，在其子孫矣。昔人願世世無生帝王家❷，而毅宗❸之語❹公主，亦曰：「若何為生我家！」❺痛哉斯言！回思創業時，其欲得天下之心，有不廢然摧沮❻者乎？是故明乎為君之職分，則唐虞之世，人人能讓，許由、務光非絕塵❼也；不明乎為君之職分，則市井之間，人人可欲，許由、務光所以曠後世而不聞❽也。然君之職分難明，以俄頃❾淫樂，不易無窮之悲，雖愚者亦明之矣！

【章旨】說明君主的職分顛倒以後，必然引起天下人對君位的激烈爭奪，做君主的也逃不脫家破人亡的災難。此章深入一層剖析君主專制政體的弊端，顯示出這種政體，對社會全體成員，均有害無益。

【注釋】❶攝緘縢二句　語出《莊子・胠篋》。意思是將裝錢財的箱、囊、櫃，用繩子捆緊，用鎖鎖牢。比喻國君千方百計地保衛自己的江山。攝，結緊。緘、縢，捆紮囊篋的繩索。扃鐍，箱櫃上的關鈕和鎖鑰。❷昔人願句　南朝宋順帝劉準，被迫退位出宮時，「泣而彈指」曰：「願後身世世勿復生帝王家！」見《資治通鑑・齊紀一》。❸毅宗　明崇禎帝朱由檢，晚明定廟號曰思宗，後改毅宗。❹語　告訴。❺若何為生我家　明思宗崇禎十七年（西元一六四四年）三月，李自成的軍隊打進北京時，思宗自縊之前，曾入壽寧宮，用劍砍殺他的女兒長平公主，說：「汝何故生我家！」見《明史・公主傳》。❻廢然摧沮　意氣全消，挫折沮喪。❼絕塵奔走迅速，腳沒有沾到灰塵。比喻氣節風範的高遠，不是一般人能及得上。❽曠後世而不聞　這句話是「後世曠而不聞」的倒裝句。曠，空虛；缺少。❾俄頃　片刻；一會兒。

【語　譯】雖說如此，假若後世做君主的，果真能夠保持這偌大產業，世世代代無窮地傳下去，那也就不奇怪他們把天下視為私產了。問題在於，既然把天下看做產業，世上的人想獲得產業的心理，哪一個不和君主一樣？做君主的，像收藏錢財似的，千方百計保衛自己的江山；然而一個人的智謀、能力，不能勝過世上那麼多想得到天下的人。所以做君主的，長遠的不過幾代，近的就在自身，便要亡國；他們的子孫，卻免不了殺身之禍。從前有人希望世世代代不要生在帝王家裏，毅宗也曾對公主說：「你為甚麼生在我家！」這些話，多麼令人痛心啊！回想他們的祖宗打天下、創立基業的時候，如果知道其子孫會是這樣的結局，那想爭奪天下的心，還有不頹然沮喪的嗎？因此，明瞭做君主的職分，那麼唐堯、虞舜的時代，人人都能辭讓君主的位置，許由、務光也並不是超塵絕俗的人物；不明瞭做君主的職分，那麼民間人人都想當君主，所以後代再也聽不到許由、務光那樣的人了。然而，君主的職分雖是很難讓人人明瞭，不過，不用短暫的享樂去換取無窮的悲哀，即使是愚笨的人也懂得這個道理啊！

原臣

【題解】君主時代的官吏叫做臣。本篇探討設臣的原因和做臣的職責。提出臣當為天下萬民而仕，不應為君主一人奔走服役；猛烈抨擊了君主專制政體下的官僚制度。

有人焉，視於無形，聽於無聲❶，以事其君，可謂之臣乎？曰：否。殺其身以事其君，可謂之臣乎？曰：否。夫視於無形，聽於無聲，資於事父❷也；殺其身者，無私之極則也；而猶不足以當之，則臣道如何而後可？曰：緣夫天下之大，非一人之所能治，而分治之以群工❸。故我之出而仕也，為天下，非為君也；為萬民，非為一姓也。吾以天下萬民起見❹，非其道，即君以形聲強我，未之敢從也，況於無形無聲乎！非其道，即立身於其朝，未之敢許也，況於殺其身乎！不然，而以君之一身一姓起見，君有無形無聲之嗜慾，吾從而視之聽之，此宦官宮妾之心也。君為己死而為己亡，吾從而死之亡之，此其私暱者之事❺也。是乃臣、不臣之辨也。

【章旨】首先對「臣道」作正面的闡述。說明臣，本為治理天下而設，職責是為天下萬民服務，不應為君主個人效命。

【注釋】❶視於無形二句　出自《禮記・曲禮上》，說的是兒子應當善於體察父母的心意，父母的心思尚未表露出來，他就能看到，還沒講出來，他就能聽到。❷資於事父　《禮記・喪服四制》：「資於事父以事君，而敬同。」意思是用侍奉父親的禮來侍奉君主。資，取也；用也。「視於無形，聽於無聲」即用於侍奉父親的禮。❸群工　百官。工，官也。❹起見　為某某人、某某事而著想的用語。❺私暱者之事　親暱的人所做的事情。《左傳・襄公二十五年》記晏子語：「臣君者，豈為其口實，社稷是養。故君為社稷死，則死之；為社稷亡，則亡之。若為己死而為己亡，非其私暱，誰敢任之！」晏子說的「亡」是逃亡的意思，梨洲此處說的「亡」是死亡的意思。

【語譯】有人這樣做事，當君上的心思尚未表露出來，他就能看到，還沒講出來，他就能聽到；用這種態度來侍奉君主，可以稱為臣嗎？我們說：不行。犧牲生命來侍奉君主，可以稱為臣嗎？我們說：不行。君上的心思沒表露出來就看得到，沒講出來就聽得到，這是用以侍奉父親的態度；犧牲生命，這是最無私的表現；如此還不足以與臣的身分相稱，那麼臣道應該是怎麼樣才可以呢？

我們說：由於天下這麼大，一個人治理不了，才設立眾多的官吏來分別治理。所以我們出來做官，是為天下，不是為君主個人；是為萬民百姓，不是為君主一姓。我為天下萬民著想，君主無道的話，即使君主表示出來、說出來，強迫我，也不敢順從他；何況他沒有表示出來、沒有說出來呢！君主無道的話，即使要我在朝廷做官，也不敢應許，何況犧牲生命呢！如果我不為天下萬民著想，而為君主一人一姓著想，君主有不曾表示、不曾說出的嗜好和欲望，我為了順從其心意，就得看著聽著，細心體察，這是宦官、宮妾的心態。君主為自己而死，為自己而亡，我也隨著而死而亡，這是他親近的人所做的事。為天下萬民，還是為君主個人，這兩種表現，就是臣與不臣的分別。

世之為臣者昧❶於此義，以謂臣為君而設者也，君分吾以天下而後治之，君授吾以人民而後牧❷之，視天下人民，為人君橐❸中之私物。今以四方之勞擾，民生之憔悴，足以危吾君也，不得不講治之牧之之術。苟無係於社稷❹之存亡，則四方之勞擾，民生之憔悴，雖有誠臣，亦以為纖芥❺之疾也。夫古之為臣者，於此乎，於彼乎？

【章旨】批評世上的人臣，不懂臣道，專為君主的安危著想，而無視天下萬民的禍福。

【注釋】❶昧　不明白；不懂得。❷牧　放飼牲畜。引申為治理百姓。❸橐　盛物的袋子。❹社稷　古代帝王祭祀的土地神和穀神。君主立國，必立社稷；亡國，所立社稷，也要被毀掉。因此，社稷的存亡，象徵一個國家的存亡。❺纖芥　比喻極微小。纖，細。芥，芥菜的種子，顆粒很小。

【語譯】世上的人臣，不懂得這個道理，以為臣是為君主而設立的，君主將天下分給我以後我便治理，君主將人民交給我以後我便管轄，把天下人民，看作是君主口袋中的私人物品。現在因為四方騷擾不安，民生艱難困苦，足以危害君主了，才不得不講究治國安民的方法。如果同君主亡不亡國沒有關係，那麼四方騷擾不安，民生艱難困苦，即使有誠實的臣子，也以為是極小的疾患。試問，古代做臣的，是這個樣子，還是另外的樣子？

蓋天下之治亂，不在一姓之興亡，而在萬民之憂樂。是故桀、紂之亡，乃所以為治也；秦政❶、蒙古❷之興，乃所以為亂也；晉、宋、齊、梁❸之興亡，無與於治亂者也。為臣者，輕視斯民❹之水火❺，即能輔君而興，從君而亡，其於臣道固未嘗不背也。夫治天下猶曳❻大木然，前者唱邪，後者唱許❼。君與臣，共曳木之人也；若手不執紼❽，足不履地，曳木者唯娛笑於曳木者之前，從曳木者以為良，而曳木之職❾荒矣。

【章　旨】論做臣的，應當為萬民解憂，使萬民安樂；若無視百姓的痛苦，僅僅為君主一姓的興亡而效力，便違背了臣道。

【注　釋】❶秦政　秦始皇，姓嬴名政。❷蒙古　蒙古人。蒙古族初居額爾古納河流域，後逐漸向西發展。西元十三世紀初，成吉思汗建立蒙古汗國，勢力擴展到黃河流域以及中亞細亞和歐洲。成吉思汗死後，蒙古滅金。西元一二七一年，忽必烈定國號為元，西元一二七六年滅南宋，統一全國。❸晉宋齊梁　司馬氏的西晉、東晉和南朝的宋、齊、梁等朝。❹斯民　此民；民眾。❺水火　指陷於災難之中。《孟子・梁惠王下》：「今燕虐其民，王往而征之，民以為將拯己於水火之中也，簞食壺漿，以迎王師。」❻曳　拖拉；牽引。❼前者唱邪二句　《淮南子・道應》：「今夫舉大木者，前呼邪許，後亦應之，此舉重勸力之歌也。」邪、許為用力時的呼叫聲。❽紼　大麻繩。此指牽引大木的繩索。❾職　分內負責的事務。

【語　譯】其實天下的太平與昏亂，其分別並不在於君主一姓的興盛或衰亡，而在於萬民百姓是困苦還是安樂。所以夏桀、商紂的滅亡，便因而是治；秦始皇、蒙古人的強盛，便因而是亂；晉、宋、齊、梁等朝的興亡，就不涉及治與亂的問題。做臣的忽視民眾的災難困苦，即使能夠輔助君主興盛，隨著君主去死，他也不是不違背臣道。治理天下好像拉大木頭一樣，前面的人呼聲邪，後面的人應聲許，相互應和，一同用力。君主與臣子，是一同拉木頭的人；假若手不握著繩索，腳不蹬地，拉木頭的人只是在拉木頭的人面前嬉笑，隨從拉木頭的人，認為這是很好的表現，那拉木頭這件事，就要荒廢了。

嗟乎！後世驕君自恣，不以天下萬民為事，其所求乎草野❶者，不過欲得奔走服役之人。乃使草野之應於上者，亦不出夫奔走服役；一時免於寒餓，遂感在上之知遇❷，不復計其禮之備與不備，躋❸之僕妾之間而以為當然。萬曆❹初，神宗之待張居正❺，其禮稍優，比於古之師傅❻未能百一，當時論者，駭然❼居正之受，無人臣禮。夫居正之罪，正坐❽不能以師傅自待，聽指使於僕妾❾，而責之反是，何也？是則耳目浸淫❿於流俗之所謂臣者以為鵠⓫矣，又豈知臣之與君，名異而實同耶！

【章旨】說後世在專制政體下，君主以臣為僕妾，臣子甘願做君主的僕妾，流俗也習慣於將臣子看成是君主的僕妾。

【注釋】❶草野　鄉野；民間。❷知遇　得到賞識和任用。❸躋　登上。❹萬曆　明神宗（朱翊鈞）的年號，西元一五七三—一六二〇年。❺張居正　字叔大，號太岳，江陵（今湖北江陵）人。明世宗嘉靖二十六年（西元一五四七年）進士。隆慶年間為內閣大學士。神宗即位，擔任內閣首輔（相當於宰相）。是時神宗年幼，以居正為師保，待之以師禮，一切大政，俱委託給居正。居正也慨然以天下為己任，整頓吏治與邊防，推行一條鞭法。為政十年，明朝政治大為改觀。❻師傅　老師。❼駭然　驚惶的樣子。❽坐　犯罪。此相當於「歸咎於」的意思。❾聽指使於僕妾　史書記載，張居正當政，多得力於宦官馮保和神宗生母李太后（穆宗貴妃）的幫助。但居正的政治主張和措施，並非馮、李所「指使」。❿浸淫　逐漸親近、接受。⓫鵠　箭靶的中心。引申為目標、標準。

【語譯】唉！後代驕橫的君主，獨擅威權，不為天下萬民服務，他所求取於民間的，不過是要得到為他奔走服役的人。於是使得民間響應皇上的，也不外乎是為皇上奔走服役；這些做人臣的，一時間避免了受凍挨餓，便感激皇上的賞識與重用，也就不再計較皇上具備不具備對待臣子的禮數，自己置身於奴僕、婢妾的中間，卻以為是理所當然。萬曆初年，神宗對待張居正的禮遇稍微好一些，但同古代老師的待遇相比，還沒有達到百分之一，可是當時議論的人，都驚異張居正接受神宗的優待，是喪失臣子的禮儀。張居正的罪過，正犯在不能把自己看作老師，聽奴僕、婢妾的指示，而對他的責備卻與此相反，是甚麼道理呢？這就是聽多了、看多了世俗的官吏，以為他們是標準的臣子，又哪裏知道，臣與君名稱雖是不同，而實際的職責卻是相同的呢！

或曰：臣不與子並稱乎？曰：非也。父子一氣❶，子分父之身而為身。故孝子雖異身，而能日近其氣，久之無不通矣；不孝之子，分身而後，日遠日疏，久之而氣不相似矣。君臣之名，從天下而有之者也。吾無天下之責，則吾在君為路人❷。出而仕於君也，不以天下為事，則君之僕妾也；以天下為事，則君之師友也。夫然，謂之臣，其名累變；夫父子固不可變者也。

【章　旨】批駁將君臣比擬為父子的世俗之見；進一步論述君臣是由於治理天下的需要而設立的，與父子血緣關係根本不同，大臣應當是君主的師友。

【注　釋】❶氣　此指人的氣性。❷路人　彼此不相關的人。

【語　譯】有人說：臣不是同子並稱嗎？我認為不對。父親和兒子，具有一樣的氣性，兒子的身體是從父親的身體分出來的。所以孝子雖然和父親不是同一個身體，但能夠每天接近父親的氣性，時間一久，就沒有不和父親氣性相通的了；不孝順的兒子，出生以後，同父親的關係一天比一天疏遠，時間一久，便和父親的氣性不相像了。君和臣的名稱，是由於治理天下才有的。我沒有管理國事的職責，那我對君主來說，就是不相干的人。如果到君主朝廷裏做官，不為天下人民服務，那就是君主的奴僕、婢妾；為天下人民服務，那就是君主的老師與朋友。就是因為這樣，世上所說的臣，其名稱屢屢發生變化；而父親、兒子的稱謂，是確定不可能發生變化的。

原法

【題解】法，指國家的法律、制度。本篇探討法的起源與演變，認為夏、商、周三代以前的法律、制度，是為天下而立，三代以後的法律、制度，是君主為私利而立，只有恢復三代的法律、制度，天下才得以安寧。

三代❶以上有法，三代以下無法。何以言之？二帝❷、三王❸，知天下之不可無養也，為之授田以耕之；知天下之不可無衣也，為之授地以桑麻之；知天下之不可無教也，為之學校以興之；為之婚姻之禮以防其淫；為之卒乘之賦❹以防其亂。此三代以上之法也，固未嘗為一己而立也。後之人主，既得天下，唯恐其祚命❺之不長也，子孫之不能保有也，思患於未然以為之法。然則其所謂法者，一家之法而非天下之法也。是故秦變封建❻而為郡縣❼，以郡縣得私於我也；漢建庶孽❽，以其可以藩屏❾於我也；宋解方鎮❿之權，以方鎮之不利於我也。此其法何曾有一毫為天下之心哉，而亦可謂之法乎？

【章旨】論三代以上的法律、制度，是為天下而立，三代以下的法律、制度，是君主為私利而立。

【注釋】❶三代　夏、商、周三個朝代。❷二帝　指堯、舜。❸三王　古代的習慣說法，指夏禹、商湯、周文王；一說，指夏禹、商湯、周文王和武王。❹卒乘之賦　徵募軍隊。卒，步兵。乘，兵車。古代一車四馬叫一乘。賦，徵募。❺祚命　上天賜給帝王的福祿。指一姓君主統治天下時間的長短。❻封建　古代帝王把爵位、土地分封給諸侯，諸侯在封地內建立邦國，稱為封建。周代封建制度趨於完備，諸侯爵位分公、侯、伯、子、男五等，地有百里、七十里、五十里之別。❼郡縣　秦始皇統一中國後，廢除封建制，實行郡縣制。最初將全國分為三十六郡，後增為四十多郡，郡下設縣。郡縣長官均由朝廷任免，並直接接受朝廷的命令與監督。❽庶孽　家庭庶出的子弟，與嫡相對；嫡出為正支，庶孽為旁支。漢初在實行郡縣制的同時，又部分地實行封建制。此「庶孽」指劉邦所封同姓王。見《漢書・荊燕吳傳》。❾藩屏　保衛。《漢書・武五子傳》：「昔高皇帝王天下，建立子弟，以藩屏社稷。」❿方鎮　古代掌握兵權、管理一方的高級軍事長官，也稱藩鎮。宋太祖建國後，解除方鎮兵權，派遣文臣到地方主持行政，以加強中央集權。

【語譯】三代以前有法，三代以後沒有法。為甚麼這樣說呢？二帝和三王，知道天下百姓，不能沒有生活供養，於是就授予田地，讓他們耕種；知道天下百姓，不能沒有衣服穿，於是就授予土地種植桑麻；知道天下百姓，不能不受教育，於是就為他們興辦學校；為他們制定婚姻的禮法，來防範淫亂；為他們徵募軍隊，來防止動亂。這是三代以前的法律、制度，根本就沒有為個人私利而設立的。後代的君主，得到天下以後，就只怕他們的帝位不能長久，子孫不能保住江山，考慮在禍亂尚未發生的時候便定下法律、制度。這樣，那他們所說的法度，不過是君主一家的法度，卻不是天下的法度。由於這個緣故，秦朝把封建制改變成為郡縣制，因為郡縣制，可以滿足自己的私利；漢朝封子弟建立藩國，就是因為它可以保衛自己；宋朝解除方鎮的兵權，是因為方鎮對於自己不利。他們的法律、制度，哪裏有一絲一毫為天下百姓的意思，這也可以稱為法嗎？

三代之法，藏天下於天下❶者也。山澤之利，不必其盡取，刑賞之權❷，不疑其旁落❸；貴不在朝廷也，賤不在草莽也。在後世方議❹其法之疏，而天下之人，不見上之可欲，不見下之可惡，法愈疏而亂愈不作，所謂無法之法也。後世之法，藏天下於筐篋❺者也。利不欲其遺於下，福必欲其斂❻於上；用一人焉，則疑其自私，而又用一人以制其私；行一事焉，則慮其可欺，而又設一事以防其欺。天下之人，共知其筐篋之所在，吾亦鰓鰓然❼日唯筐篋之是虞，故其法不得不密，法愈密而天下之亂，即生於法之中，所謂非法之法也。

【章　旨】此章將三代之法和後世之法加以對比。說明三代之法，維護天下公共利益，法度疏闊而社會安寧；後世之法，維護君主個人的私利，法度嚴密，反而導致無窮的爭奪與禍亂。

【注　釋】❶藏天下於天下　讓天下成為天下人的天下。語見《莊子・大宗師》：「藏大小有宜，猶有所遁。若夫藏天下於天下，而不得所遁。」❷刑賞之權　懲罰與獎賞的大權。❸旁落　落到別人手中。❹方議　普遍議論。❺藏天下於筐篋　把天下作為私有財物。筐篋，家用收藏財物的竹器。❻斂　收集。❼鰓鰓然　恐懼的樣子。

【語　譯】三代的法律、制度，讓天下成為天下人的天下。山林湖泊的出產，不一定歸君主所占有，懲罰與獎賞的大權，君主不擔心旁落到別人手中；朝廷不是尊貴的處所，民間也不是卑賤的地方。在後代普遍議論那時法度的疏略，而當時天下的人，不覺得上面的位置值得貪求，也不覺得低下的地位令人討厭，法度愈疏闊，愈不發生禍亂，這就叫做沒有法的法。後世的法律、制度，把天下作為君主的私有財物。利益不願給與下民，享受必定集中在君上；任用一個人，便懷疑他只顧自己，就又用另外一個人來遏制他的私心；推行一項政事，便顧慮其中會有欺詐，就又設立一事權來防止其中的欺詐。天下的人，都在注視著統治天下的權力，君主自己也每天提心吊膽地憂慮統治權的丟失，所以他那法度不得不嚴密，法度愈嚴密，而天下的禍亂，就從法度中產生出來，這就叫做不合法的法。

論者謂：一代有一代之法，子孫以法祖❶為孝。夫非法之法，前王不勝其利欲之私以創之，後王或不勝其利欲之私以壞之；壞之者固足以害天下，其創之者亦未始非害天下者也。乃必欲周旋於此膠彼漆❷之中，以博憲章❸之餘名❹，此俗儒之勦說❺也。即論者謂天下之治亂，不繫於法之存亡。夫古今之變，至秦而一盡，至元而又一盡，經此二盡之後，古聖王之所惻隱❻愛人而經營者，蕩然❼無具；苟非為之遠思深覽，一一通變❽，以復井田❾、封建、學校、卒乘❿之舊，雖小小更革，生民之戚戚⓫終無已時也。即論者謂有治人無治法⓬，吾以謂有治法而後有治人。自非法之法桎梏⓭天下人之手足，即有能治之人，終不勝其牽挽⓮嫌疑之顧盼⓯；有所設施，亦就其分之所得，安於苟簡，而不能有度外⓰之功名。使先王之法⓱而在，莫不有法外之意⓲存乎其間。其人是也，則可以無不行之意；其人非也，亦不至深刻⑲羅網⑳，以害天下。故曰有治法而後有治人。

【章　旨】批評社會上流行的幾種有關法的主張，說明在專制君主的體制下，無論是變法還是守祖宗成法，或是注重選賢與能，都無濟於事，只有恢復三代以前的法律、制度，天下才得以安寧，百姓才會有康樂。

【注　釋】❶法祖　效法祖宗，遵守祖宗之法。❷此膠彼漆　比喻拘泥於成法，不知變通。❸憲章　效法；守其法。❹餘名　身後留下的名聲。《列子・楊朱》：「要死後數百年中餘名，豈足潤枯骨，何生之樂哉！」❺勦說　襲用別人的言論，作為自己的說法。❻惻隱　對受苦難的人表示同情。《孟子・告子上》：「惻隱之心，仁也。」❼蕩然　完全破壞。❽通變　通達變化之理。❾井田　相傳商、周時代的一種土地制度，國家將每方里土地，按井字形劃作九區，每區百畝，分配農民耕種，中間一區為公田，其他八區為私田，八區分給八家，公田由八家共同耕種。❿卒乘　軍隊。此指軍事制度。卒，士兵。乘，兵車。⓫戚戚　憂慮害怕。⓬有治人無治法　國家的治理，主要靠賢能的人，不能靠法度。⓭桎梏　拘繫手足的刑具。這裏當束縛講。⓮牽挽　牽制掣肘。挽，拉扯。⓯顧盼　觀望不進。⓰度外　法度之外；常規之外。⓱先王之法　二帝、三王之法，亦即三代以上之法。⓲法外之意　指沒有明文規定，但從具體法規中能體現出來的美意，即前面說的古聖王惻隱愛人之心。⓳深刻　嚴酷、刻薄。⓴羅網　用嚴刑峻法管制百姓。

【語　譯】一般議論的人總是認為：一個朝代有一個朝代的法律、制度，做兒孫的應以效法祖宗、守祖宗之法，作為對祖宗的孝順。這種不合法的法，是前代的君王，出於強烈的追求個人私利的欲望而創立的，後代的君王，出於強烈的追求個人私利的欲望，也許會破壞它；破壞它的人，固然足以危害天下，那創立法規的人，也不見得沒有危害天下。如果一定要糾纏在祖宗的老辦法裏面，好使身後獲得效法祖宗的名聲，這是俗儒們剽襲來的說法。再是一般議論的人認為，天下的太平與混亂同法度的存亡，沒有必然的關係。我認為，從古到今的變化，到秦朝時，是一次徹底的改變，到元朝時，是又一次的徹底改變，經過這兩次徹底的變化以後，古代聖王出於仁愛之心而建立起來的法律、制度，已經完全不存在了；如果不為此想得遠、看得深，一一通達變化的道理，從而使古代的井田、封建、學校、兵役等制度得以恢復，即使進行小小的變革，人民的痛苦也就沒有終止的時候。一般議論的人還認為，國家的治理主要靠賢能的人，不能靠法度；我卻認為，有了使天下太平安樂的法度，然後才會有善於治理天下的人。自從不合法的法律、制度束縛了天下人的手腳以後，即使有能夠治理天下的人，終究會受到掣附以及為避嫌而觀望停頓；他們有甚麼措施、安排，也是就他們職分所允許的，滿足於草率簡略了事，卻不可能有超出現行法度之外的功績。假若先王的法律、制度還存在，其中無不體現著仁愛之心。治理天下的人是賢能之士的話，那就會堅決推行這種法律、制度；治理天下的人不是賢能之士的話，也不至於嚴酷壓迫百姓，來殘害天下的人民。所以說，有了使天下太平安樂的法度，然後才會有善於治理天下的人。

置相

【題解】相，即通常所說的宰相，是古代輔佐天子、主持朝廷政務的大官。如秦漢時的丞相、相國、三公，唐宋時的中書、門下、尚書三省長官及同平章事，元代的左右丞相，習慣上都稱為宰相。本篇批評君主凌駕於百官之上的專制制度，特別是對明朝廢除宰相一事，予以分析與抨擊。作者主張設置宰相，並要求實行宰相與君主共同議政。

有明之無善治，自高皇帝❶罷丞相❷始也。

【章旨】首先提出明朝廢除宰相，是一代弊政之始，以引起後文作進一步的論述。

【注釋】❶高皇帝　明朝開國皇帝朱元璋，諡號高皇帝，廟號太祖。❷罷丞相　明朝建國之初，官制承襲元代的舊制，設左右丞相。明太祖洪武十三年（西元一三八〇年）廢除丞相；十五年設殿閣大學士，在皇帝左右備顧問。

【語譯】明朝一代沒有良好的政治，這是起源於高皇帝廢除丞相。

原夫作君之意，所以治天下也。天下不能一人而治，則設官以治之；是官者，分身之君也。孟子曰：「天子一位，公一位，侯一位，伯一位，子男同一位，凡五等。君一位，卿一位，大夫一位，上士一位，中士一位，下士一位，凡六等。」❶蓋自外而言之，天子之去公，猶公、侯、伯、子男之遞❷相去；自內而言之，君之去卿，猶卿、大夫、士之遞相去。非獨至於天子遂截然無等級也。昔者伊尹❸、周公❹之攝政❺，以宰相而攝天子，亦不殊❻於大夫之攝卿，士之攝大夫耳。後世君驕臣諂，天子之位，始不列於卿、大夫、士之間，而小儒遂河漢❼其攝位之事；以至君崩子立，忘哭泣衰絰❽之哀，講禮樂征伐❾之治，君臣之義未必全，父子之恩已先絕矣❿。不幸國無長君⓫，委之母后，為宰相者方避嫌而處，寧使其決裂敗壞，貽⓬笑千古。無乃⓭視天子之位過高所致乎！

【章旨】論君主、宰相關係的演變。古代君主、宰相及百官同立於朝，只是爵位的級別不同；後世君主超凡絕世，凌駕於宰相和百官之上。

【注　釋】❶孟子曰十四句　見《孟子．萬章下》。天子、公、侯、伯、子男五等，是周王朝爵位的等級；君、卿、大夫、上士、中士、下士六等，是諸侯各國爵位的等級。下面的「自外而言之」，是就天子而言；「自內而言之」，是就一國（諸侯國）而言。❷遞　依次；一個接一個。❸伊尹　商朝初年主持國政的大臣，曾輔助商湯攻滅夏桀，湯去世後，先後輔佐外丙、中壬二帝，中壬死後，由太甲即位，太甲暴虐，伊尹將他放逐，自己攝政當國，三年後太甲悔過，伊尹將他接回復位。❹周公　名旦，為周武王之弟，曾協助武王攻滅商紂，武王去世後，成王年幼，周公攝政當國，平定反叛。成王長大後，周公還政於成王。❺攝政　代替天子處理政事。攝，代理的意思。❻殊　差異。❼河漢　銀河。比喻渺茫而難以捉摸的事。《莊子．逍遙遊》：「吾驚怖其言，猶河漢而無極也。」梨洲用在這裏的意思是，小儒們把伊尹、周公攝位之事，說成是虛無縹緲的事。❽衰絰　麻布做的喪服。絰，喪服的帶子，纏在頭上和腰間。❾禮樂征伐　指國家的政務。《論語．季氏》：「天下有道，則禮樂征伐自天子出。」❿父子之恩已先絕矣　儒家經典記載，古代國君死了，繼位的君主居喪三年，不問政務，國事由冢宰（宰相）主持。梨洲認為後世君主居喪期間，仍把持政務，不讓宰相攝理，是「忘哭泣衰絰之哀」，使父子之恩絕。⓫長君　年長的君主。⓬貽　留下。⓭無乃　恐怕；未免。

【語　譯】推究立君主的本意，是為了治理天下。天下那麼大，一個人難以治理，便設置官吏來治理；這些所設的官吏，不過是君主的分身。孟子說：「天子一級，公一級，侯一級，伯一級，子、男同為一級，一共五個等級。國君一級，卿一級，大夫一級，上士一級，中士一級，下士一級，一共六個等級。」從外面說，天子一級同公一級的差距，如同公、侯、伯、子男一級一級依次的距離；從一國之內說，國君一級同卿一級的差距，如同卿、大夫、士一級一級依次的距離。不是唯有天子高高在上，截然沒有等級了。從前伊尹、周公攝政，以宰相身分，代理天子處理政事，與大夫代理卿，士代理大夫，也沒有甚麼不同。後代君主驕橫，臣子諂媚，天子一級才不列入卿、大夫、士中間，於是小儒們就把伊尹、周公的攝政，說成是虛無縹緲、不可置信的事；以至於君主死了，繼位的兒子忘記失去父親的悲哀，大談制禮、作樂、用兵等政事，他們君臣間的大義，未必能完全保持，而父子之間的恩情，已經先行斷絕了。如果不幸是個年幼的君主，將朝政委託給母后管理，做宰相的將避開嫌疑來安身，這時他們寧肯讓國家滅亡，留給千年萬代的後人譏笑。這恐怕是由於把天子的地位，看得過高所造成吧！

古者君之待臣也，臣拜，君必答拜。秦、漢以後，廢而不講；然丞相進，天子御座❶為起，在輿❷為下。宰相既罷，天子更無與為禮者矣；遂謂百官之設，所以事我，能事我者我賢之，不能事我者我否之。設官之意既訛，尚能得作君之意乎？古者不傳子而傳賢，其視天子之位，去留猶夫宰相也。其後天子傳子，宰相不傳子，天子之子不皆賢，尚賴宰相傳賢，足相補救，則天子亦不失傳賢之意。宰相既罷，天子之子一不賢，更無與為賢者矣，不亦并傳子之意而失者乎？

【章旨】論宰相罷除以後，百官進一步淪為天子的奴僕，天下政事，也就更加乖謬昏亂。

【注釋】❶御座　天子的寶座。❷輿　車子。

【語譯】古代君主對待臣子，臣子下拜，君主一定回拜。秦、漢以後，這種禮儀，便被廢棄不再講究了；然而丞相進見，天子還要從座位上站起來，在車上的話，要從車上下來。宰相罷除以後，天子再沒有要行禮的了。做天子的以為，百官的設立，都是為了替自己服務的；能為自己服務的就認為是好官，不能為自己服務的就認為不好。設置官吏的意義既然謬誤，立君主的本意還能存在嗎？古代天子傳位給賢能的人，不傳給兒子，古人看待天子的位置，就像宰相一樣可以任免，可以離棄。以後天子傳位給兒子，宰相不傳兒子，天子的兒子有不賢良的，還可依賴宰相傳給賢能的，足以補救天子兒子的不賢，那麼天子傳賢的意味，也就沒有完全喪失。宰相罷除以後，一旦天子的兒子不賢良，再沒有賢能的人來補救了，天子傳位給兒子的用意，不是也連帶喪失了嗎？

或謂後之入閣辦事❶，無宰相之名，有宰相之實❷也。曰：不然。入閣辦事者，職在批答❸，猶開府❹之書記❺也；其事既輕，而批答之意，又必自內授之而後擬之❻，可謂有其實乎？吾以謂有宰相之實者，今之宮奴❼也。蓋大權不能無所寄；彼宮奴者，見宰相之政事墜地不收，從而設為科條❽，增其職掌，生殺予奪，出自宰相者，次第❾而盡歸焉。有明之閣下❿，賢者貸其殘膏剩馥⓫，不賢者假其喜笑怒罵，道路傳之，國史書之，則以為其人之相業⓬矣。故使宮奴有宰相之實者，則罷丞相之過也。閣下之賢者，盡其能事則曰法祖；亦非為祖宗之必足法也，其事位既輕，不得不假祖宗以壓後王，以塞宮奴。祖宗之所行未必皆當，宮奴之黠⓭者又復條舉其疵⓮行，亦曰法祖，而法祖之論荒矣。使宰相不罷，自得以古聖哲王之行，摩切⓯其主，其主亦有所畏而不敢不從也。

【章　旨】說明明朝廢除宰相以後，朝政大權落入宦官之手；所設殿閣大學士，並非如世俗所言，有宰相之實。

【注　釋】❶入閣辦事　指擔任殿閣（中極殿、建極殿、文華殿、武英殿、文淵閣、東閣）大學士。❷有宰相之實　謂實際的宰相。洪武年間，初設殿閣大學士，僅在皇帝左右備顧問，品級為正五品。成祖即位，以翰林院編修、檢討、講讀等官，入閣參預機務。仁宗、宣宗兩朝以後，殿閣權位漸高。嘉靖以後，大學士朝位班次，在六部尚書之上，被世人看作是真宰相。然而，明朝的大學士，始終受到宦官們的拑制與操縱。❸職在批答　職責在於代皇帝擬寫對百官奏章的批示、答覆。❹開府　指地方官署，如總督、巡撫衙門等。❺書記　衙門裏辦理文書及繕寫工作的人員。❻自內授之而後擬之　明代皇帝口傳諭旨，由司禮監太監筆錄，交殿閣大學士擬稿。太監可以從中操縱或作弊。❼宮奴　太監。❽科條　法令條文。❾次第　一一；一個一個地。❿閣下　此指殿閣大學士。⓫殘膏剩馥　殘留的膏澤，剩餘的芳香。即餘澤。剩，亦作「賸」。⓬相業　宰相的功業。⓭黠狡猾機伶。⓮疵　毛病；缺點。⓯摩切　切摩；磨勵；規勸勉勵。

【語　譯】有人說，後代進入殿閣辦事、任大學士的，雖然沒有宰相的名義，卻是實際的宰相。我認為：不是這樣。進入殿閣辦事、任大學士的，職責在於擬寫對百官奏章的批示、答覆，就像督撫衙門裏的文書一樣；他們辦的事情既微不足道，而批示、答覆的意思，又一定是由太監從皇帝那裏傳給他們以後才擬稿的，這可以叫做實際的宰相嗎？我以為如今實際的宰相，是太監。朝政大權，不能不有所託付；那些太監們，看到宰相的工作沒有人做了，於是就設立法令條文，增加他們太監的權力和掌管的範圍，凡是由宰相掌管的生殺予奪的大權，一個一個地都歸太監們掌管了。明朝的殿閣大學士，賢能的，借用太監們剩餘的油水給百姓一點好處，不賢的，只是看他們的臉色行事。這些大學士們辦的事情，道路上人們傳說，國史予以記載，便算是這些人的所謂宰相的功業了。之所以讓太監成為實際的宰相，就是廢除丞相的過錯。一些比較賢能的大學士，最大的能耐，是辦任何事都號稱效法祖宗；也不是祖宗一定值得效法，因為大學士的職位既然輕微，不得不假借祖宗的名義來壓後王，來搪塞太監。祖宗的行事，未必都恰當，一些狡猾的太監，又再列舉祖宗的荒唐作法，加以推行，他們也說是效法祖宗。這樣，效法祖宗的議論就難以實行了。假若不廢除宰相，宰相自然能夠用古代聖賢哲王的德行，不斷勉勵他們的君主，他們的君主，也會有所畏懼而不敢不聽從。

宰相一人，參知政事❶無常員。每日便殿❷議政，天子南面，宰相、六卿❸、諫官❹東西面以次坐。其執事皆用士人❺。凡章奏進呈，六科給事中❻主之；給事中以白❼宰相，宰相以白天子，同議可否。天子批紅❽；天子不能盡，則宰相批之，下❾六部施行。更不用呈之御前，轉發閣中票擬❿，閣中又繳⓫之御前，而後下該衙門，如故事⓬往返，使大權自宮奴出也。

【章旨】關於設置宰相，主張天子、宰相及眾官共同議政。

【注釋】❶參知政事　唐、宋時有此官名，常為副相。❷便殿　正殿以外的別殿。❸六卿　此指吏、戶、禮、兵、刑、工六部的長官。❹諫官　負責諫諍天子過失的官，如歷代的諫議大夫等。❺執事皆用士人　執事，侍從左右、執行事務的人。意思是不要任用宦官。❻六科給事中　明代中央設吏、戶、禮、兵、刑、工六科，掌管侍從、規諫、補闕、拾遺、內外章奏及稽察六部、百司之事。每科都給事中一人，左右給事中各一人，給事中四、六、八、十人不等。❼白　稟告。❽批紅　用朱筆批示百官的奏章。❾下　公文書向次級機關傳達。❿票擬　明朝制度，奏章發到閣中後，由殿閣大學士把批覆的意見，先擬成詔諭，書寫在票籤之上，送呈皇帝核准，謂之票擬。皇帝核准後，由司禮監太監承旨用紅筆批覆。⓫繳　交。⓬故事　舊例。此指明朝的慣例。

【語譯】朝廷設宰相一人，參知政事若干人。每天在便殿議論政事，天子面向南坐，宰相、六部尚書、諫官，面向東或向西依次序就座。其中辦事人員都用士人，不用宦官。凡是官員呈遞奏章，由六科給事中負責接受；給事中將奏章報告宰相，宰相將奏章報告天子，共同議論是否可行。天子對於奏章，親自用朱筆批覆，天子批不了的，就由宰相批，下發到六部施行。不必再呈遞到皇帝面前，先要轉發內閣擬寫批示，內閣又交到皇帝處核准，而後下發給該衙門，像以往的慣例那樣，轉來轉去，讓太監掌握了大權。

宰相設政事堂❶，使新進士主之，或用待詔者❷。唐張說❸為相，列五房於政事堂之後：一曰吏房，二曰樞機房，三曰兵房，四曰戶房，五曰刑禮房，分曹❹以主眾務，此其例也。四方上書言利弊者，及待詔之人，皆集焉，凡事無不得達。

【章旨】陳述宰相辦事機構的設計。

【注釋】❶政事堂　唐、宋時有政事堂，是宰相辦公、議事的處所。❷待詔者　已經決定任用而尚未派定官職，正在等待詔令的人。下面「待詔之人」同。❸張說　唐代名相。字道濟，洛陽人，曾封燕國公。見《新唐書》的〈百官志一〉及〈張說傳〉。❹曹　古代官衙分職辦事的部門。

【語譯】宰相設立政事堂，安排新進士主辦事務，或者用待詔的人。唐朝張說任宰相時，在政事堂後面排列五房：第一個叫吏房，第二個叫樞機房，第三個叫兵房，第四個叫戶房，第五個叫刑禮房，分科主辦眾多的事務，這就是一個例子。各地上書討論利益與弊害的人，以及待詔的人，都匯集到這裏，任何事情，沒有不能上下通達的。

學校

【題解】學校，是教育的場所，我國自古就有學校的設立。本篇除探討古代聖王設立學校的本意外，對三代以後學校的弊端，亦予以猛烈抨擊，並提出關於文化教育的一整套設想。

學校，所以養士❶也。然古之聖王，其意不僅此也；必使治天下之具❷皆出於學校，而後設學校之意始備。非謂班朝❸、布令❹、養老❺、恤孤❻、訊馘❼，大師旅❽則會將士，大獄訟❾則期吏民❿，大祭祀則享始祖，行之自辟雍⓫也。蓋使朝廷之上，閭閻⓬之細，漸摩濡染⓭，莫不有詩書寬大⓮之氣；天子之所是未必是，天子之所非未必非，天子亦遂不敢自為非是，而公其非是於學校。是故養士為學校之一事，而學校不僅為養士而設也。

【章　旨】論古聖王設立學校，既為了培養人才，又把學校作為議政的場所。

【注　釋】❶養士　培養讀書人；培養人才。❷治天下之具　指治理國家的禮法制度。具，器具。❸班朝　端正朝廷禮儀的位次。《禮記・曲禮上》：「班朝治軍，涖官行法，非禮威嚴不行。」孔穎達疏：「班，次也；朝，朝廷也；次謂司士正朝儀之位次也。」❹布令　發布命令。❺養老　古代禮制，對年老德高的長者，按時供養酒食並給以禮敬，稱為養老。❻恤孤　撫育孤兒。❼訊馘　古時戰爭結束後，在學校舉行獻俘獻馘的慶功禮。訊，審訊俘虜。馘，殺死敵人後，割下的耳朵。《禮記・王制》：「出征執有罪反，釋奠于學，以訊馘告。」❽師旅　指爭戰攻伐之事。❾獄訟　訴訟；打官司。❿期吏民　會合官吏、百姓。⓫辟雍　古代帝王所設的大學。《禮記・王制》：「大學在郊，天子曰辟雍，諸侯曰頖宮。」據高誘、蔡邕等學者考證，古代太學、辟雍、清廟、太廟、明堂同為一屋，帝王祭祀上帝和祖先，接見諸侯和大臣，宣明教令，尊賢養老，慶賞，教學等大典，均在此舉行。⓬閭閻　里巷的門，也泛指民間。⓭漸摩濡染　逐漸習慣、感染的意思。⓮寬大　仁厚、寬弘。

【語　譯】學校，是用來教育讀書人、培養人才的。然而古代的聖王，設立學校的目的，還不僅僅是這樣；一定要讓治理國家的典章制度，都由學校醞釀產生，然後設立學校的目的，才算完全達到。不是說端正朝儀的位次、宣明教令、養老、恤孤、慶祝勝利，以及爭戰攻伐會集將士，訴訟會合官吏、百姓，大規模祭祀祖先，諸如此類大典在學校舉行。而是要讓朝廷的官吏和民間的百姓，都逐漸受到學校的熏陶和感染，莫不具有詩書的仁厚、寬弘精神；天子認為正確的未必正確，天子認為錯誤的未必錯誤，天子也就不敢自己決定是錯誤還是正確，而要將錯誤與正確的問題公開在學校討論。因此，教育讀書人、培養人才是學校的一個任務，但學校又不僅僅是為教育讀書人、培養人才而設立的。

三代以下，天下之是非，一出於朝廷。天子榮之，則群趨以為是；天子辱之，則群擿❶以為非。簿書❷、期會❸、錢穀❹、戎獄❺，一切委之俗吏。時風眾勢之外，稍有人焉，便以為學校中無當於緩急❻之習氣。而其所謂學校者，科舉囂爭，富貴熏心，亦遂以朝廷之勢利，一變其本領❼；而士之有才能學術者，且往往自拔於草野之間，於學校初無與也，究竟養士一事亦失之矣。

【章　旨】陳說三代以後，學校不再議論朝政的是非，一變而成為爭奪功名、富貴的場所，連培養人才的功能也喪失了。

【注　釋】❶擿　揭發。❷簿書　登記財物出納的冊籍。此處作為官方文書的通稱。❸期會　約定期限。泛指政令的推行。❹錢穀　錢糧。指賦稅。❺戎獄　軍政和司法。❻緩急　急切需要辦理的或危急的事情。此為偏義複詞，緩字無義。❼本領　本來的職能。

【語　譯】三代以後，天下的事情，一概由朝廷來判定是非、對錯。天子表彰的，大家就跟著認為是好的；天子斥責的，大家就競相揭發，認為是錯的。官方文書，約定公務期限，賦稅，軍政和司法，一切委託庸俗的官員辦理。如果有少數人與時下風尚和眾人情態稍有不同，人們便以為這是學校中不切合實際的習氣。而人們所說的學校，不過是科舉喧鬧的場所，利欲熏心，也就依照朝廷的勢利作風，完全改變了它本來的職能；至於讀書人中有才能、有學問的，則往往自己從民間成長起來，同學校從來沒有關係，結果學校培養人才的任務，也就丟掉了。

於是學校變而為書院❶。有所非也，則朝廷必以為是而榮之；有所是也，則朝廷必以為非而辱之。偽學之禁❷，書院之毀❸，必欲以朝廷之權與之爭勝。其不仕者有刑，曰：「此率天下士大夫而背朝廷者也。」其始也，學校與朝廷無與；其繼也，朝廷與學校相反；不特不能養士，且至於害士，猶然循其名而立之，何與？

【章　旨】說明朝廷不僅不能培養讀書人，還進而迫害學校的讀書人；後世學校，同古代聖王設立學校的本意，愈加背道而馳。

【注　釋】❶書院　宋朝以後，由私人或官府創辦的講學肄業之所，以研習儒家經典為主，有時也議論時政。明代東林書院諷議朝政，抨擊閹黨，朝野人士，多有相應和者。❷偽學之禁　南宋寧宗時，韓侂胄當政，將朱熹講授的道學斥為偽學，加以禁止。❸書院之毀　明末天啟年間，在魏忠賢操縱下，詔毀天下東林黨人講學書院。

【語　譯】於是學校演變為書院。書院認為是錯誤的，朝廷必定認為是正確的而加以表彰；書院認為是正確的，朝廷必定認為是錯誤的而加以抨擊。把書院講授的學術，斥為偽學，予以禁止，毀掉講學的書院，朝廷一定要憑藉自己的權勢同書院爭鬥，將書院整垮。書院的人士，不為朝廷效勞，便要受到懲罰，並威脅說：「這是帶領天下士大夫反叛朝廷的人。」開始時，學校與朝廷不發生關係，繼而朝廷與學校相敵對，不僅不能培養讀書人，而且到了迫害讀書人的地步。這樣，還仍然沿用學校這個名稱，設立學校，是為甚麼呢？

東漢太學三萬人，危言深論，不隱豪強，公卿避其貶議❶；宋諸生伏闕搥鼓，請起李綱❷。三代遺風，惟此猶為相近。使當日之在朝廷者，以其所非是為非是，將見盜賊奸邪，懾心❸於正氣霜雪❹之下，君安而國可保也。乃論者目之為衰世之事❺，不知其所以亡者，收捕黨人❻，編管❼陳❽、歐❾，正坐破壞學校所致，而反咎學校之人乎！

【章　旨】說明東漢和北宋打擊議論朝政的太學生，導致國家衰亡。

【注　釋】❶東漢太學四句　東漢末年，太學生三萬餘人，在郭泰、賈彪的帶領下，議論朝政，抨擊宦官集團。詳見《後漢書・黨錮傳》。危言，直言。❷宋諸生二句　北宋時金兵圍汴京，太學生陳東率領太學諸生和市民伏闕上書，請求復用主戰派李綱。朝廷被迫任李綱為尚書右丞，充京城防禦使。❸懾心　有所畏懼而心意屈服。❹霜雪　純正嚴肅之氣。❺目之為衰世之事　把太學生議政，看成是衰世的產物。如汪師韓《韓門綴學》裏說：「當時太學生動輒上書，誠衰世之景象。」❻收捕黨人　東漢末年，朝廷誣稱李膺、杜密、張儉等人「養太學游士，交結諸郡生徒，更相驅馳，共為部黨，誹訕朝廷，疑亂風俗」。在各地大肆收捕黨人，甚至株連門生故吏、父子兄弟及五族。「海內塗炭，二十餘年，諸所蔓衍，皆天下善士。」史稱「黨錮之禍」。❼編管　交地方官管制監視的意思。❽陳　陳東。❾歐　歐陽澈。在北宋末和南宋初，多次以布衣身分上書，與陳東同時被殺害。

【語譯】東漢太學生三萬多人，不畏危難而直言，深刻地議論國事，不迴避豪強貴族，大官僚們都害怕他們的批評；宋朝太學的學生們，俯伏宮門前，撾鼓請願，要求起用李綱。只有這兩件事，還和三代的美好風尚是相近的。如果當時朝廷的當權者，以太學生們否定的為非，以太學生們肯定的為是，那將會看到盜賊奸邪之徒，懾服在正義力量的面前，君主便可以得到安寧，而國家可以保全。可惜一些評論的人，竟然把這種事情看成是衰世的景象，不知道東漢和北宋滅亡的原因，在於大肆收捕所謂的「黨人」，迫害陳東、歐陽澈那些讀書人，正是由於破壞學校所引起的，卻反而要責怪學校的人！

嗟乎！天之生斯民也，以教養托之於君。授田之法❶廢，民買田而自養，猶賦稅以擾之；學校之法廢，民蚩蚩❷而失教，猶勢利以誘之。是亦不仁之甚，而以其空名躋之曰「君父，君父」，則吾誰欺！

【章旨】此為前數章的結語。感嘆後世君主，不僅背離古代聖王設立學校的本意，還用權勢、利益，誘惑民眾，誤人子弟，太無仁愛之心。

【注釋】❶授田之法　將土地授予民眾。指井田制。❷蚩蚩　痴呆的樣子。《詩經．衛風．氓》：「氓之蚩蚩，抱布貿絲。」朱熹注：「蚩蚩，無知之貌。」

【語譯】唉！上天生下人民群眾，將教導、養育的責任託付給君主。授田的制度廢棄了，民眾買田養活自己，君主還要徵收賦稅來騷擾民眾；學校教育制度破壞了，民眾愚蒙而失去教育，君主還要用權勢、利益來誘惑他們。這也太無仁愛之心了，還要憑如父如天的空名義號稱「君父，君父」，那我們朝廷將欺騙誰呢！

郡縣❶學官❷，毋得出自選除❸；郡縣公議，請名儒主之。自布衣以至宰相之謝事❹者，皆可當其任，不拘已仕未仕也。其人稍有干於清議❺，則諸生❻得共起而易之，曰：「是不可以為吾師也。」其下有五經師，兵法、曆算、醫、射各有師，皆聽學官自擇。凡邑❼之生童❽皆裹糧從學，離城煙火聚落之處士人眾多者，亦置經師。民間童子十人以上，則以諸生之老而不仕者，充為蒙師。故郡邑無無師之士；而士之學行成者，非主六曹[9]之事，則主分教之務，亦無不用之人。

【章　旨】自此章以下，是梨洲關於文化教育的設計與構想。此章陳說地方學校的學官和教習的任用。

【注　釋】[1]郡縣　古代地方行政區域名。秦漢以後，歷代多有郡有縣，制度稍有不同。宋以後改郡為府。[2]學官　學校主持教務的負責人，也稱教官。明清時，府學設教授，州學設學正，縣學設教諭。[3]選除　選用、除授。指由朝廷任命。[4]謝事　卸去官職。[5]干於清議　觸犯社會輿論，為輿論所不滿。清議，公平嚴正的批評。一般指在野的士大夫和知識分子的輿論。[6]諸生　明清時，府學、州學、縣學的生員，統稱諸生。[7]邑　縣的通稱。[8]生童　尚未考入府學、州學、縣學的讀書人。[9]六曹　指地方政府中，分掌吏、戶、禮、兵、刑、工等行政工作的官吏。

【語　譯】府縣官學的學官，不能由朝廷任命；要由府縣的人公議，邀請名儒擔任。從普通平民到離職的宰相，都可以擔當學官的職務，不拘泥於做過官的或沒做過官的。學官言行，稍為輿論所不滿，那學生們就可以一同起來將他撤換，認為：「這人不可以做我們的老師。」學官以下設五經教師，兵法、曆學、算學、醫學、射藝等，也各有老師，都任憑學官自己選擇。縣內所有的生童，都要攜帶糧食上學讀書，城外人煙聚集的村落讀書人眾多的地方，也要設立五經教師。民間有十個以上的兒童，就請生員中年紀已老而不能做官的充當啟蒙教育的老師。因此，府縣地方，沒有得不到老師教育的讀書人；而讀書人中，已完成學業和德行修養到家的人，不是主持地方政府裏六曹的事務，就是在學校分擔某一科目的教務，也沒有閑散無事的人。

學宮❶以外，凡在城在野寺觀庵堂，大者改為書院，經師領之；小者改為小學❷，蒙師領之；以分處諸生受業。其寺產即隸於學，以贍❸諸生之貧者。二氏之徒❹，分別其有學行者，歸之學宮，其餘則各還其業。

【章　旨】建議將城鄉的寺觀、庵堂，改為學校。

【注　釋】❶學宮　學校。此指府、州、縣所設學校。❷小學　古代對少年兒童實施初等教育的學校，與太學相對。朱熹〈大學章句序〉：「人生八歲，則自王公以下，至於庶人之子弟，皆入小學，而教之以灑掃、應對、進退之節，禮樂、射御、書數之文。」❸贍　供養接濟。❹二氏之徒　指道教和佛教徒。儒家稱佛、老二家為二氏。

【語　譯】府、州、縣學之外，所有城市、鄉村的寺廟、道觀、庵堂，大的改成為書院，由經學老師主持；小的改為小學，由啟蒙老師主持；用來分別安頓學生們受教育。寺廟的產業，就隸屬於學校，用來贍養貧窮的學生。原有的僧尼和道徒，將其中有學問和有德行的分別出來，歸屬學校任職，其餘的，便讓他們回歸自己的本業。

太學❶祭酒❷，推擇當世大儒，其重與宰相等，或宰相退處❸為之。每朔日，天子臨幸❹太學，宰相、六卿❺、諫議❻皆從之。祭酒南面❼講學，天子亦就弟子之列。政有缺失，祭酒直言無諱。

【章　旨】此章談太學祭酒的設置。要求推選德高望重的大儒擔任此職，並能受到天子及社會的尊崇。

【注　釋】❶太學　古代的大學。西周已有太學之名。漢武帝置五經博士，是為漢代太學建立之始。自魏晉至明清，或設太學，或設國子學（國子監），或兩者同時設立，名稱不一，均為國家最高學府。而習慣上，凡國家最高學府，均可稱為太學。❷祭酒　太學的主管官。❸退處　退職閑居。❹臨幸　古代稱天子有所往為幸，因此皇帝親臨稱為臨幸。❺六卿　《周禮》以天官冢宰、地官司徒、春官宗伯、夏官司馬、秋官司寇、冬官司空，分掌邦政，稱為六卿。後世習慣將吏、戶、禮、兵、刑、工六部尚書稱為六卿。❻諫議　諫官。歷史上有諫議大夫，簡稱諫議，負責規諫朝政得失，對大臣及百官的任用、政府各部門的措施提出意見。❼南面　面朝南。古代以面南為尊位。

【語　譯】太學的祭酒，推選當代的大儒擔任，他的地位之高，應與宰相相同，或者由退職閑居的宰相擔任。每月初一，天子親臨太學，宰相、六部尚書和諫議官，都隨從天子前往。祭酒坐在尊位上，面朝南講學，天子也坐在學生的行列中，聽祭酒講學。國家政治有失誤，祭酒可以沒有顧忌地直說出來。

天子之子年至十五，則與大臣之子就學於太學，使知民之情偽❶，且使之稍習於勞苦。毋得閉置宮中，其所聞見，不出宦官宮妾之外，妄自崇大也。

【章　旨】此章是有關天子之子如何受教育的建議。要求天子之子與大臣之子，同在太學學習，並能了解世俗民情，稍習於勞苦之事。

【注　釋】❶情偽　真偽。

【語　譯】天子的兒子，年齡到了十五歲，便和大臣們的兒子，一同到太學裏學習，讓他們知道民間的真偽，並且讓他們稍稍經歷一些勞苦的事情。不要把他們關在宮中，使他們接觸不到宦官、妃嬪、宮女之外的世界，以至於妄自尊大。

郡縣朔望，大會一邑之縉紳❶士子❷。學官講學，郡縣官就弟子列，北面❸再拜❹，師弟子各以疑義相質難。其以簿書期會，不至者罰之。郡縣官政事缺失，小則糾繩❺，大則伐鼓號於眾❻。其或僻郡下縣，學官不得驟得名儒，而郡縣官之學行過之者，則朔望之會，郡縣官南面講學可也。若郡縣官少年無實學，妄自壓❼老儒而上之者，則士子譁而退之。

【章　旨】建議每月初一、十五，各府縣召集地方士大夫和讀書人，聽學官講學，並研討時務，評論政事。

【注　釋】❶縉紳　指有官職或做過官的人。縉，同「搢」。插也。紳，束在腰間而一端下垂的大帶。古代做官的人，把朝笏插於紳，故稱仕宦者為縉紳。❷士子　讀書人。❸北面　古代尊長接見卑幼，都是南面而坐，弟子拜見師長則面朝北。❹再拜　古代的一種禮儀，一拜後又拜，以示恭敬。❺糾繩　糾彈、繩正。❻伐鼓號於眾　鳴鼓呼號，當眾譴責。❼壓　貶抑。

【語　譯】府縣地方，每月初一、十五，集合一縣的士大夫和讀書人。由學官向眾人講學，府縣的官員，都坐到學生行列中去，朝北面向著老師行再拜禮，老師和學生，各提出疑問來互相討論。由官方造冊登記，限期集會，不到場的則給予處罰。府縣官政事上的失誤和過錯，小的予以糾彈，大的便鳴鼓呼號，當眾譴責。某些偏僻落後的府縣，如一時請不到名儒擔任學官，而府縣官的學問德行高過一般人的，在初一、十五聚會的時候，就由府縣官面朝南講學也可以。如果府縣官年輕沒有真正的學問，妄自壓抑年老的儒者而自己走上講臺，那聽講的讀書人，便可一哄而散。

擇名儒以提督學政❶；然學官不隸屬於提學，以其學行名輩❷相師友也。每三年，學官送其俊秀於提學而考之，補博士弟子❸；送博士弟子於提學而考之❹，以解禮部，更不別遣考試官。發榜❺所遺之士，有平日優於學行者，學官咨❻於提學補入之。其弟子之罷黜，學官以生平定之，而提學不與焉。

【章旨】有關設置提督學政的建議，著重說明學官與提督學政職權上的分工與聯繫。

【注釋】❶提督學政　掌管、監督一個地方的學校教育及士習文風的行政長官。❷名輩　名聲與年齡。《資治通鑑・晉咸和元年》：「豫州刺史祖約，自以名輩不後郗、卞。」胡三省注：「名為一時所稱，輩以年齡為等。」❸博士弟子　西漢太學設五經博士，博士所教授的弟子稱博士弟子。明清時，以博士弟子作為生員（秀才）的別稱。❹送博士弟子句　這個考試，相當於鄉試。❺發榜　公布榜單。❻咨　徵詢。

【語譯】選擇名儒來做提督學政的官；但學官與提學不是隸屬關係，根據他們的學問、德行、名望、輩分相互以師友對待。每隔三年，學官將他的優秀學生，送到提學那裏參加考試，充當秀才；將秀才送到提學那裏參加考試，中式的則舉送到禮部，再不必另外派遣考試官。榜上落選的，有在平時品學兼優的，學官同提學商量，將他們補進去。學官弟子有要貶斥的，由學官根據弟子平素的表現來決定，提學不得干預。

學曆❶者，能算氣朔❷，即補博士弟子；其精者同入解額❸，使禮部考之，官於欽天監❹。學醫者，送提學考之，補博士弟子，方許行術。歲終，稽❺其生死效否之數，書之於冊。分為三等：下等黜之；中等行術如故；上等解試禮部，入太醫院而官之。

【章　旨】專論學曆、學醫這兩種特殊人才的培養。

【注　釋】❶曆　推算日月星辰的運行，以定歲時節候的方法。❷氣朔　節氣、時令。❸解額　唐代舉進士者，皆由地方發送到京師應試，稱為解。後來鄉試也稱為解試，因有一定的錄取名額，故稱解額。❹欽天監　掌管天文、曆法的官署。❺稽　考核。

【語　譯】學曆法的，能夠推算節氣、時令，就可以做秀才；其中特別精通的，和其他士子一起送到京師，參加禮部的考試，爾後到欽天監任職。學醫的，送到提學那裏參加考試，當上秀才，方許可他行醫。到一年結束的時候，考查他治療效果的數字，登記在簿冊上。分為三個等級：下等的取消行醫資格；中等的照常行醫；上等的舉送到禮部參加考試，進入太醫院任職。

凡鄉飲酒❶，合一郡一縣之縉紳❷士子。士人年七十以上，生平無玷❸清議者，庶民年八十以上，無過犯者，皆以齒❹南面，學官、郡縣官皆北面，憲老乞言❺。

【章旨】談在學校舉行尊賢養老的飲酒禮。

【注釋】❶鄉飲酒　古時地方上敬老的一種集會，在學校（庠序）裏舉行。《禮記‧鄉飲酒義》鄭注：「鄉飲酒義者，以其記鄉大夫飲賓於庠序之禮，尊賢養老之義也。」❷縉紳　做過官或有功名的人。古代做官的人，把笏板插在腰間的紳帶上，故稱縉紳。縉，通「搢」。插。明清時期凡通過科舉考試的，在地方上即有一定的影響力，成為當時社會上的領導階層。❸玷　玉的瑕疵。此處喻人品德上的缺點。❹齒　年齡。❺憲老乞言　以老者為楷模，向老者求取可行的善言。

【語譯】凡是地方上舉行飲酒之禮，集合一府一縣的士大夫和讀書人。士子年齡到七十以上，平生沒有受到輿論譴責的污點，普通百姓年齡到八十以上，沒有過錯的，都依年齡坐在尊位上，面朝南；學官和府縣的官員，都面朝北，敬重老者，向老者求取可行的善言。

凡鄉賢名宦祠❶，毋得以勢位及子弟為進退。功業氣節則考之國史，文章則稽之傳世，理學則定之言行。此外鄉曲之小譽，時文❷之聲名，講章❸之經學，依附之事功，已經入祠者皆罷之。

【章　旨】有關鄉賢名宦祠入祀的意見。

【注　釋】❶鄉賢名宦祠　奉祀地方上已故賢士的祠堂，稱鄉賢祠。明清時，凡是為地方所推重的賢德之士，死後都由大吏題請入祀鄉賢祠。奉祀在本地任職的已故名宦的祠堂，稱名宦祠。❷時文　此指明清科舉考試用的八股文。❸講章　講解四書、五經意義的書，多煩瑣淺陋。

【語　譯】所有鄉賢祠和名宦祠，不能根據一個人的權勢地位以及子弟的情形來決定入祀不入祀。對一個人的評價，他的功業、氣節，可從國史記載中來考查，文章，可考查在社會上流傳的情形，性理方面的學問，就從他的言論行為來判定。除此之外，如果憑藉鄉閭的小聲譽，八股文方面的名聲，串講經書的學問，以及依附旁人得到的功勞，因而入祠的人，都要從祠中撤銷。

凡郡邑書籍，不論行世藏家，博搜重購。每書鈔印三冊，一冊上祕府❶，一冊送太學，一冊存本學。時人文集，古文非有師法，語錄❷非有心得，奏議無裨❸實用，序事❹無補史學者，不許傳刻。其時文、小說、詞曲、應酬代筆，已刻者皆追板燒之。士子選場屋之文❺及私試❻義策❼，蠱惑坊市❽者，弟子員❾黜革，見任官落職，致仕官奪告身❿。

【章　旨】申述有關書籍收藏和刻印的意見。

【注釋】❶祕府　皇帝藏書的地方。❷語錄　某人言論的紀錄或摘錄。此指儒者講學之語的紀錄。❸裨補　益。❹序事　敘述事實。❺場屋之文　科場應試之文。即八股文。科舉考試的場所，稱為場屋。❻私試　讀書人自行組織的考試和文章練習。❼義策　經義和策問。經義是以儒家經典文句為題，要求申論其義理；明清經義的考試即八股文。策問，是提出政事問題，由考生加以闡發作答。明清鄉試、會試，均考策問。❽坊市　街市。❾弟子員　生員（秀才）。❿告身　委任官職的文憑，相當於近世的委任狀。

【語譯】凡是府縣地方的書籍，無論是在社會上流行的還是私家收藏的，都要廣泛搜集，重金購買。每種書鈔印三冊，一冊送到皇帝藏書處收藏，一冊送到太學，一冊存在本地學校。當代人的文集，所寫古文，不具有師法的；語錄著作，不是真有心得的；奏議，無益於實用的；記敘事實的文章，不能補充歷史學的，都不允許刻印流傳。那些八股文、小說、詞曲、應酬文章、代別人寫的文字，已經刻印了的，都要將雕版追查出來燒掉。讀書人編選的應試文章及非官方組織的考試文章，在街市上招搖騙錢的，如果是生員，就開除學籍；是現任官員，就免職；是退休官員，就奪回告身。

民間吉凶❶，一依《朱子家禮》❷行事。庶民未必通諳❸，其喪服之制度，木主❹之尺寸，衣冠之式，宮室❺之制，在市肆❻工藝者，學官定而付之。離城聚落，蒙師相其禮以革習俗。

【章　旨】指出學官和蒙師，應關注民間吉凶之禮。

【注　釋】❶吉凶　吉事和凶事。古代稱祭祀、行冠禮、婚娶等事為吉事；稱喪事為凶事。❷朱子家禮　相傳朱熹撰，自宋以後都遵用此書。但後人考證，並非朱熹所撰。❸諳　熟悉。❹木主　為死者所立的木製牌位。❺宮室　房屋。❻肆　市集中的店鋪。

【語　譯】民間吉凶事情的辦理，一律依照《朱子家禮》行事。普通老百姓，未必通曉這些禮儀，如喪服的制度，死者牌位的尺寸，衣帽的樣式，房屋的形制等，學官應將這些擬定，交給街市店鋪從事手工技藝的人去製作。城市以外的居民村落，蒙師輔導禮儀的實施，以革新風俗習慣。

凡一邑之名蹟及先賢陵墓祠宇，其修飾表章，皆學官之事。淫祠❶通❷行拆毀，但留土穀❸，設主祀之。故入其境，有違禮之祀，有非法之服，市懸無益之物，土留未掩之喪，優歌❹在耳，鄙語滿街，則學官之職不修也。

【章　旨】說明學官在地方精神文明的建設上，應負的責任。

【注　釋】❶淫祠　濫設而不合禮制的祠廟。❷通　一律。❸土穀　土神和穀神，也就是社稷之神。❹優歌　戲子所唱的歌。古代稱從事演戲唱曲娛樂大眾的人為優伶，他們的社會地位很低。

【語　譯】凡是一縣的名勝古蹟和先賢的陵墓祠堂，對它們的修飾及宣揚，都是學官的事情。濫設的祠廟，要通通拆毀，只留土穀廟，設神主祭祀。因此，走進一個地方，如果有違背禮制的祭祀，有不合法度的穿戴，街市上懸掛著沒有益處的貨物，地裏留著沒有掩埋的靈柩，耳朵聽到的是靡靡之音，滿街充斥著鄙俗不堪的言語，這就表明學官沒有履行自己的職責。

取士上

【題解】取士，即選拔人才以充任官吏。中國古代取士的制度與方法，屢經變化：漢代實行「察舉」與「徵辟」。魏晉南北朝時期，實行「九品中正」制。隋唐以後，改行科舉考試。到宋代，科舉考試的主要內容是經義。明清時，經義演變為八股文。梨洲於書中申述關於「取士」的專論，分上下兩篇。上篇批評八股取士的弊病，並提出自己改革的意見。

取士之弊，至今日制科❶而極矣。故毅宗嘗患之也，為拔貢❷、保舉❸、准貢❹、特授❺、積分❻、換授❼，思以得度外❽之士。乃拔貢之試，猶然經義❾也；考官不遺詞臣❿，屬之提學，既已輕於解試⓫矣。保舉之法，雖曰以名取人，不知今之所謂名者何憑也，勢不得不雜以賄賂請託；及其捧檄而至⓬，吏部以一義一論⓭試之，視解試為尤輕矣。准貢者，用解試之副榜⑭，特授者，用會試之副榜；夫副榜，黜落之餘也，其黜落者如此之重，將何以待中式者乎！積分不去貲郎⑮，其源不能清也；換授以優宗室，其教可不豫⑯乎？凡此六者，皆不離經義；欲得勝於科目之人，其法反不如科目之詳，所以徒為紛亂而無益於時也。

【章旨】此章論科舉制度演變為八股取士之後，其弊端已發展到極點。

【注釋】❶制科　古代科舉中，由皇帝親自主考的，稱制科。梨洲此處所謂制科，即科舉制度。❷拔貢　選拔地方官學在學生員中學行俱優的，貢於京師，稱拔貢；再經過某種考試後，即可授予一定官職。❸保舉　由朝廷大員和地方長官，向中央推舉廉能屬員，讓中央量才擢用。❹准貢　錄用會試中副榜的人士。❺特授　錄用鄉試中副榜的人士。❻積分　國子監對監生實行定期考核，並將每次考核的記分累積起來，擇優錄用。❼換授　文臣改授武職，武臣改授文職，稱為換授。❽度外　常規之外。❾經義　宋朝以後科舉考試的內容，即以儒家經典的文句為題，使考生申論其義。明清時的經義，採用八股文形式。❿詞臣　皇帝身邊的文臣。此指翰林。⓫解試　唐宋科舉中，地方舉行的初試，合格的，即解送禮部參加全國性考試，所以將此種初試稱為解試。後來明清的鄉試，也稱為解試。⓬捧檄而至　接受召書以後，來到朝廷。⓭一義一論　一篇經義，一道策論。⓮副榜　鄉試、會試中，正式錄取的名單之外，又附列的若干名。是對部分落第者的優待。⓯貲郎　以錢財買得官職的人。⓰豫　預先。

【語譯】選拔官吏方法的弊病，到今天的科舉考試，已達到了極點。因此，明毅宗曾經憂慮這件事，提出拔貢、保舉、准貢、特授、積分、換授等辦法，想用這些辦法，得到超越常規的人才。然而，拔貢的考試，還是經義；況且不派遣翰林做考官，把這樣的考試，交給提學去主持，已經顯得比鄉試要低一等了。保舉的辦法，雖然說是根據名望來錄用人，但不知現在的所謂名望，究竟有甚麼依據，其中勢必夾雜行賄、請託的事；等到保舉的人奉召到達朝廷，吏部僅用一篇經義、一道策論來考他們，和鄉試相比，又更低一等了。准貢，是錄用鄉試中副榜的人；特授，是錄用會試中副榜的人；那個副榜，都是落第的人，對待落第的人如此器重，那麼將怎樣對待中式合格的人呢！積分的辦法，在實行時，如果不去掉用錢財買官的現象，那本源就不能清，而根本問題仍然解決不了。換授的辦法，是用來優待宗室的，難道他們宗室的人，可以事先不受教育嗎？所有的這六種辦法，都沒有脫離經義；希望得到勝過科目出身的人才，而這種辦法，反不如科目詳備，所以只能製造混亂，對當世是沒有甚麼益處的。

唐進士試詩賦，明經試墨義❶。所謂墨義者，每「經」問義十道，五道全寫疏❷，五道全寫注。宋初試士，詩、賦、論❸各一首，策❹五道，帖❺《論語》十帖，對《春秋》或《禮記》墨義十條；其「九經」、「五經」、「三禮」、「三傳」、學究❻等，設科雖異，其墨義同也。王安石改法，罷詩賦、帖經、墨義，中書撰大義式頒行，須通經、有文采，乃為中格，不但如明經墨義粗解章句而已❼。然非創自安石也，唐柳冕❽即有「明六經之義，合先王之道者以為上等，其精於傳注與下等」之議。權德輿❾駁曰：「注疏猶可以質驗，不者有司率情❿上下其手⓫，既失其末，又不得其本，則蕩然⓬矣。」其後宋祁⓭、王珪⓮累有「止問大義，不責記誦」之奏，而不果行⓯，至安石始決之。

【章旨】此章說明由唐至宋科舉考試內容的演變，重點在說明經義的由來。

【注釋】❶唐進士二句　唐代科舉考試的科目甚多，其中最重要的是進士、明經兩科。進士科的考試重詩賦，明經科的考試重墨義。所謂墨義，即用筆對答經義（解釋經文）。❷疏　解釋經文的通稱為注（有傳、箋、解、章句等名），進一步疏通注文意義的，通謂之疏（有義疏、正義等名）。南宋以前，經書的注本、疏本，各自單行，後來才流行注疏合刊本。❸論　論議時事。❹策　策問，以政事、經義等設問，試者按問逐條對答。❺帖經，是唐宋科舉考試內容之一。方法是掩住所習經書的兩端，中間只留一行，又用紙帖行中三個字，使考生讀出被帖的字。❻學究　唐宋科舉考試中有學究科。屬明經科，僅試一經。❼王安石改法六句　此據《宋史・選舉志》：「於是改法，罷詩賦、帖經、墨義，士各占治《易》、《詩》、《書》、《周禮》、《禮記》一經，兼《論語》、《孟子》。每試四場，初大經，次兼經，大義凡十道，次論一首，次策三道，禮部試即增二道。中書撰大義式頒行。試義者須通經，有文采乃為中格，不但如明經墨義粗解章句而已。」中書撰大義式，中書門下擬定經書大義的考試格式。❽柳冕　唐德宗時人，曾任太常博士、婺州刺史等職。❾權德輿　唐德宗時人，曾任禮部尚書、同中書門下平章事。❿率情　任意。⓫上下其手　比喻利用職權從中舞弊。典故出於《左傳・襄公二十六年》。⓬蕩然　完全破壞。⓭宋祁　宋仁宗時人，曾任翰林學士，並參與修《新唐書》。⓮王珪　宋仁宗、神宗時人，曾任同中書門下平章事、集賢殿大學士。⓯不果行　未能按照預期的計畫實行。

【語譯】唐代進士科，考試詩賦；明經科，考試墨義。所謂墨義，就是每種經書，問十道經義的問題，五道全部寫疏，五道全部寫注。宋朝初年考試士子，詩、賦、論各一首，策問五道，帖《論語》十帖，回答《春秋》或《禮記》的墨義十條；其中「九經」、「五經」、「三禮」、「三傳」、學究等科，設置的科雖然不同，但同樣都是試墨義。王安石改革試士的辦法，取消詩賦、帖經、墨義的考試，中書門下擬定經書大義的考試格式頒行全國，應試的人，必須通曉經義，文章有文采才算是合格；不像明經墨義那樣，只要粗略地了解章句就行了。然而，這個辦法，並非是由王安石創造發明的，唐朝的柳冕，就有過這樣的議論：「通曉六經的義理，符合先王的思想、學說的，列為上等，那些只深入了解注釋的，列入下等。」同時的權德輿駁斥說：「注疏還可以檢察核對，不考試注疏的話，官員可以隨意玩弄手段，暗中作弊，既把次要的丟棄了，又把主要的丟棄了，那就兩頭都失誤了。」此後宋祁、王珪多次上奏，提出「只考查士子對經書大義的了解，不要求記誦」，但未能實行，到了王安石，才決定這樣做。

故時文者，帖書、墨義之流也。今日之弊，在當時權德輿已盡之。向若❶因循不改，則轉相模勒❷，日趨浮薄，人才終無振起之時。若罷經義，遂恐有棄經不學之士，而先王之道，益視為迂闊❸無用之具。余謂當復墨義古法，使為經義者，全寫注疏、《大全》❹、漢宋諸儒之說，一一條具於前，而後申之以己意，亦不必墨守一先生之言。由前則空疏者絀❺，由後則愚蔽者絀，亦變浮薄之一術也。

【章　旨】提出改變八股考試的意見，主張恢復墨義古法，要求應試者，既要默寫前人的注疏和解說，又要發表自己對經義的見解。

【注　釋】❶向若　倘若。❷轉相模勒　彼此互相模仿抄襲。❸迂闊　不切實際；不通事理。❹大全　明朝永樂年間頒行《四書五經大全》，作為科舉考試的依據。❺絀　同「黜」。貶退。

【語　譯】所以八股時文，就是由帖書、墨義流變而來的。今天八股時文的弊病，在權德輿當時已經全部揭出。假若因循守舊，不進行改革，那就會一代一代轉相模擬，學風一天一天地趨於浮華輕薄，人才終究不能振起湧現出來。假若廢除經義的考試，就怕有拋棄經書不學習的士子，那先王的思想、學說，越發要被看成是迂闊無用的東西。我認為應當恢復墨義古法，讓參加經義考試的士子，全部默寫注疏、《大全》以及漢宋諸儒的解說，一條一條地羅列在前面，然後申述自己的意見，也不必墨守一家之言。由於有前面寫注疏的要求，學問空疏的就會落選；由於有後面申之以己意的要求，愚笨的就會落選。這也是改變浮薄作風的一個辦法。

或曰：以誦數❶精粗為中否，唐之所以賤明經也，寧復貴其所賤乎？曰：今日之時文，有非誦數時文所得者乎？同一誦數也，先儒之義學，其愈❷於餖飣❸之剿說❹亦可知矣。非謂守此足以得天下之士也，趨天下之士於平實，而通經學古之人出焉。昔之詩賦，亦何足以得士，然必費考索，推聲病❺，未有若時文，空疏不學之人，皆可為之也！

【章　旨】回答人們的詰難，進一步申述改革時文的主張。

【注　釋】❶誦數　誦讀熟習經書。《荀子・勸學》：「故誦數以貫之，思索以通之。」❷愈　勝過。❸餖飣　比喻文辭堆砌重疊。❹剿說　抄襲來的文辭。剿，同「鈔」。掠取。❺聲病　指詩詞曲聲調、平仄的律則、標準。元稹〈敘詩寄樂天書〉：「積九歲學賦詩，長者往往驚其可教，年十五、六，粗識聲病。」

【語　譯】有人說：以誦讀經書是否精熟，作為中式不中式的條件，這正是唐朝人輕視明經科的原因，難道現在還能再貴重他們所輕視的嗎？我認為：今天的八股時文，有不是由精熟八股時文而學到的嗎？同樣是熟讀，先儒義理方面的學問，勝過堆砌詞藻、因襲旁人言論的八股文，也是很明白的。這不是說遵循這個辦法，就足以獲得天下的人才，但能引導天下的文士，走向平易樸實，那通經學古的人才就會產生。從前考試詩賦，又怎麼能夠考出人才呢，然而作詩賦必須費力考究思索，推求聲韻規則，不會像八股時文，空疏不學的人都可以寫作啊！

取士下

【題解】本篇建議拓寬選拔人才的途徑，採用多種方式取士。

古之取士也寬，其用士也嚴；今之取士也嚴，其用士也寬。古者鄉舉里選❶，士之有賢能者，不患於不知。降而唐宋，其為科目不一❷；士不得與於此，尚可轉而從事於彼，是其取之之寬也。〈王制〉❸：論秀士升之司徒，曰選士；司徒論選士之秀者升之學，曰俊士❹；大樂正論造士之秀者，升之司馬，曰進士；司馬論進士之賢者，以告於王而定其論❺。論定然後官之，任官然後爵之，位定然後祿之。一人之身，未入仕之先，凡經四轉，已入仕之後，凡經三轉，總七轉，始與之以祿。唐之士，及第者未便解褐❻入仕，吏部又復試之。韓退之❼三試於吏部無成，則十年猶布衣也。宋雖登第入仕，然亦止是簿尉令錄❽，榜首纔得丞判❾，是其用之之嚴也。寬於取則無枉才，嚴於用則少倖進。

【章旨】說明古代取士的途徑寬，而用士卻很嚴格。

【注釋】❶鄉舉里選　古代取士的方法。周朝時，由鄉大夫考察有德行道藝的人，推薦給國君。漢代由郡國守相，就鄉里中察舉賢能，以孝廉、茂才異等、賢良方正等名目推薦給朝廷。鄉、里是古代一種居民組織，據《周禮》，以二十五家為里，一萬二千五百戶為一鄉。❷降而唐宋二句　唐代考試科目，有秀才、明經、俊士、進士、明法、明字、明算、一史、三史、開元禮、道舉、童子，此為每年舉行的常科。另有皇帝主持的制科，如賢良方正、直言極諫、博通墳典、達於教化、詳明政術等，名目繁多。宋朝初年，常科的科目有進士、九經、五經、開元禮、三史、三禮、三傳、學究、明經、明法等。神宗年間，王安石變法，保留進士科，新增明法科，其他諸科罷廢。❸王制　《禮記》的篇目。❹論秀士四句　陳澔注：「大司徒命鄉大夫，論述鄉學之士，才德穎出於同輩者而禮賓之，升其人於司徒；司徒考試之，量才而用之，為鄉遂之吏，曰選士。選者，擇而用之也。其有才德又穎出於選士，不安於小成，而願升國學者，司徒論述其美，而舉升之於國學，曰俊士。」論，《禮記・王制》：「凡官民材，必先論之。」鄭玄注：「論，謂考其德行道藝。」❺大樂正論造士五句　陳澔注：「造者，成也，言成就其才德也。」又注云：「古者鄉學教庶人，國學教國子及庶人之俊。而其仕進有二道：鄉學秀者之升曰選士，國學秀者之升曰進士。其選士者，不過用為鄉遂之吏，而選用之權，在司徒也；其進士，則必命為朝廷之官，而爵祿之定，其權皆在大司馬。此鄉學、國學教選之異，所以為世家編戶之別。」❻解褐　解下平民所穿的布衣，換上官服。指入仕做官。❼韓退之　韓愈，字退之。❽簿尉令錄　簿、尉，是縣府的官。

令錄，是幕職官。❾丞判　縣丞、通判。

【語譯】古代選取士子的途徑寬，而對人才的任用卻很嚴格；如今選取士子的辦法很嚴，而對士人的任用卻很隨便。古代取士的方法，是由地方上推舉，讀書人中有賢德才能的，不愁上面不知道。到了唐朝宋朝，那時實行考試的科目很多，讀書人不能進入這一科，還可以轉而從事於另一科，這也是取士途徑寬的表現。《禮記・王制》中說：論述鄉學中才德穎出於同輩者，升之於掌管教育的司徒，稱為選士；司徒論述選士中才德穎出者，升之於國學，稱為俊士；大樂正論述造士中的秀出者，升之於掌爵祿的司馬，稱為進士；司馬論述進士中賢能的報告給王，並予以考評，作出結論。考評得出結論，然後任命做官，任命做官，然後給予爵位，定了爵位，然後給予俸祿。一個人，沒有做官之前要經歷四次轉變，已經做官之後，要經歷三次轉變，總共七次轉變，才把俸祿給他。唐朝的讀書人，考試及第的，並不立即入仕做官，必須又經過吏部復試，才能入仕。韓退之在吏部三次考試都沒有成功，過了十年還是布衣。宋朝讀書人雖然登第後就入仕做官，但也只是做簿、尉、令錄一類小官，第一名才能得到縣丞、通判，這是對人才的使用很嚴格的表現。選取士子的途徑寬，就不會埋沒人才，任用人才很嚴格，就很難有僥倖的機會。

今也不然。其所以程士❶者，止有科舉之一途，雖使古豪傑之士若屈原、司馬遷、相如❷、董仲舒、揚雄之徒，舍是亦無由❸而進取之，不謂嚴乎哉！一日苟得，上之列於侍從❹，下亦置之郡縣；即其黜落而為鄉貢❺者，終身不復取解，授之以官，用之又何其寬也！嚴於取，則豪傑之老死丘壑者多矣；寬於用，此在位者多不得其人也。

【章旨】此章說明「今之取士也嚴，其用士也寬」。

【注釋】❶程士　考核讀書人。❷相如　司馬相如，西漢辭賦家。❸無由　無從；沒有門徑。❹侍從　隨侍在皇帝左右。此指翰林。❺鄉貢　唐代科舉考試中，由州縣選送學業有成的人，至尚書省參加考試，這樣的考生，稱為鄉貢。這裏是指明清時期的貢士，即會試中試而未通過殿試的士子。

【語譯】如今不是這樣。用來考核讀書人的，只有科舉一條路，即使是古來的豪傑之士，像屈原、司馬遷、司馬相如、董仲舒、揚雄一些人，離開這條路也沒有門徑去進取，這難道還不嚴嗎！如果一旦得到功名，上等的列入皇帝的侍從之臣，下等的也可以到府、州、縣做長官；即使其中落選而成為貢士的，終身不再解送進京參加考試，仍然授予他官職，這樣用人，又多麼寬鬆隨便啊！選取士子的辦法嚴，那就會有很多豪傑之士受壓抑而老死於民間；用人寬鬆隨便，這就是在位的人，多不能任用適當人才的原因。

流俗之人❶，徒見夫二百年以來之功名氣節❷，一二出於其中，遂以為科法已善，不必他求。不知科目之內，既聚此百千萬人，不應功名氣節之士獨不得入；則是功名氣節之士之得科目，非科目之能得功名氣節之士也。假使士子探籌❸，第❹其長短而取之，行之數百年，則功名氣節之士，亦自有出於探籌之中者，寧可謂探籌為取士之善法耶！究竟功名氣節人物，不及漢、唐遠甚，徒使庸妄之輩，充塞天下。豈天之不生才哉？則取之之法非也！

【章　旨】此章批駁世俗之見。世俗目睹通過八股取士出身的人物，也有一、二傑出者，便以為科舉制度已臻於完善，實在是一種誤解。

【注　釋】❶流俗之人　一般世俗之人。❷功名氣節　建功立名、尚氣節的人士。❸探籌　抽籤。❹第　分等級次序。

【語　譯】一般世俗之人，僅僅看到二百年來，有一兩個建功立名、尚氣節的人士，曾出自科舉考試，就以為目前這種考試法規已經完善，不必再有其他尋求改進。他們不知道目前的科舉考試，既然聚集了成千上萬的人，就不會偏偏不讓建功立名、尚氣節的人士進入這個領域；那是建功立名、尚氣節的人士在科舉上得手，不是科舉能夠培養建功立名、尚氣節的人士。假使讓讀書人去抽籤，只根據他們抽的長短來錄取，實行幾百年之後，那建功立名、尚氣節的人當也有出現在抽籤中的，難道可以說抽籤是選取士子的好辦法！說實在的，近二百年來建功立名、尚氣節的人物，畢竟遠遠不及漢、唐時代，僅僅讓庸妄的人充塞天下。難道是老天爺不降生人才嗎？不是的，是選拔人才的辦法不適當啊！

吾故寬取士之法，有科舉❶，有薦舉❷，有太學，有任子❸，有郡邑佐，有辟召，有絕學，有上書，而用之之嚴附見焉。

【章旨】提出「寬取士之法」的建議。先總說，後面再分條予以闡述。

【注釋】❶科舉　由隋唐分科舉士而得名。❷薦舉　推薦舉拔。❸任子　子弟由於父兄的庇廕而得到官位。

【語譯】所以我主張拓寬選拔人才的方法。我說的方法，有科舉，有薦舉，有太學，有任子，有郡邑佐，有辟召，有絕學，有上書，至於對人才的任用，應該嚴格的意見，也一併附見於後。

科舉之法，其考校❶倣朱子議❷。第一場：《易》、《詩》、《書》為一科，子午年試之；三禮❸兼《大戴》❹為一科，卯年試之；三傳❺為一科，酉年試之。試義❻各二道，諸經皆兼四書義一道。答義者，先條舉注疏及後儒之說，既備，然後以「愚按」結之。其不條眾說，或條而不能備，竟入己意者，雖通亦不中格。有司有不依章句移文配接命題者，有喪禮服制忌諱不以為題者，皆坐罪。第二場：周、程、張、朱、陸六子❼為一科，孫、吳武經❽為一科，荀、董、揚、文中❾為一科，管、韓、老、莊為一科，分年各試一論。第三場：《左》、《國》❿、「三史」⓫為一科，《三國》、《晉書》、《南北史》為一科，新舊《唐書》、《五代史》為一科，《宋史》、有⓬《明實錄》為一科，分年試史論各二道。答者亦必摭事實而辨是非，若事實不詳，或牽連他事，而於本事反略者，皆不中格。第四場：時務策三道。凡博士弟子員，遇以上四年仲秋，集於行省⓭而試之，不限名數，以中格為度。考官聘名儒，不論布衣、在位，而以提學主之。明年會試，經、子、史科，亦依鄉闈⓮分年，禮部尚書知貢舉。登第者聽宰相鑒別，分置六部各衙門為吏，管領簿書。拔其尤者，倣古侍中之職，在天子左右，三考滿⑮常調⑯，而後出官郡縣。又拔其尤者，為各部主事。落第者退為弟子員，仍取解試而後得入禮闈⑰。

【章旨】此章是關於實行科舉的具體建議。

【注釋】❶考校 考覈。《禮記・學記》：「比年入學，中年考校。」❷朱子議 朱熹的議論和意見。關於科舉考試，朱熹主張分年進行經、子、史、時務的考試。其《學校貢舉私議》中說：「古者大學之教，以格物致知為先，而其考校之法，又以九年知類通達、強立不反為大成。今《樂經》亡而《禮經》闕，二戴之《禮》已非正經，而又廢其一。經之為教已不能備，而治經者類皆捨其所難而就其易，僅窺其一而不及其餘。若諸子之學同出於聖人，諸史則該古今興亡治亂得失之變，皆不可闕者。而學者一旦豈能盡通？若合所當讀之書而分之以年，使之各以三年而共通其三四之一。凡《易》、《詩》、《書》為一科，而子年、午年試之；《周禮》、《儀禮》及二戴《記》為一科，而卯年試之；《春秋》及三傳為一科，而酉年試之。義各二道。諸經皆兼《大學》、《論語》、《中庸》、《孟子》義一道。論則分諸子為四科，而分年以附焉。諸史則《左傳》、《國語》、《史記》、兩《漢》為一科，《三國》、《晉書》、《南北史》為一科，新舊《唐書》、《五代史》為一科。時務則律歷、地理為一科，以次分年如經、子之法，試策各二道。又使治經者各守家法，答義者必通貫經文，條舉眾說而斷以己意，有司命題必依章句，如是則士無不通之經、史，而皆可用於世矣。」❸三禮 指《周禮》、《儀禮》、《禮記》。❹大戴 即《大戴禮記》，或稱《大戴記》。是漢代戴德所傳的《禮記》，共八十五篇，今僅存三十九篇。另外，由戴聖所傳的《禮記》，共四十九篇，稱為《小戴禮記》。《小戴禮記》立於學官，即今「十三經」中的《禮記》。❺三傳 指闡釋《春秋》的《左氏傳》、《公羊傳》、《穀梁傳》。❻試義 考試經義和四書義。❼周程張朱陸六子宋儒周敦頤、程頤、程顥、張載、朱熹、陸九淵六人。❽孫吳武經　孫武和吳起的兵書。❾荀董揚文中　荀況、董仲舒、揚雄、文中子（王通）。❿左國　《左傳》和《國語》。⓫三史　指《史記》、《漢書》和《後漢書》。⓬有　語氣詞。用於詞頭，無義。⓭行省　元代於中央政務機構中書省之外，又於地方設行中書省，作為中書省的駐外機構，以便於中央掌控地方，簡稱行省。明代沿襲此制，置十五行省，作為第一級行政區域。這裏指省的行政中心，也就是省城。⓮鄉闈　鄉試的考場。此指鄉試。⓯三考滿　明代考核官吏的作法，由吏部考功司掌管。三年初考，六年再考，九年通考，定為「稱職」、「平常」、「不稱職」三等，以定升降任免。⓰常調　按常規調職升遷。⓱禮闈　指禮部主持的會試。

【語　譯】科舉的方法，它的考試可以倣照朱夫子的意見。第一場：《易經》、《詩經》、《書經》作為一科，逢子年、午年舉行考試；三禮，包括《大戴禮記》作為一科，逢卯年舉行考試；《左傳》、《公羊傳》、《穀梁傳》作為一科，逢酉年舉行考試。試經義各二道，各經皆兼四書義一道。回答經義、四書義的，先要列舉出注疏以及後儒的解說；列舉完備以後，再用「愚按」作出小結，表達自己的看法。考生中有不列舉眾人說法的，或者列舉不完備竟摻進自己意見的，即使文章通達也不合格。主持考試的官員，有不依照四書、五經的章句，隨意移動文字，加以配接來命題的，有忌諱居喪禮節、喪服制度而不以此命題的，都要判罪。第二場：周、程、張、朱、陸六子作為一科，孫武、吳起的兵書作為一科，荀、董、揚、文中子作為一科，管、韓、老、莊作為一科，分年各考試一論。第三場：《左傳》、《國語》、「三史」作為一科，《三國志》、《晉書》、《南北史》作為一科，新舊《唐書》、《五代史》作為一科，《宋史》、《明實錄》作為一科，分年考試史論各二道。答題的考生，也必須採集事實來辨別是非；若是事實不充分，或是牽扯一些無關的事情，而有關的事實卻又缺乏的，都不合格。第四場：時務策三道。所有生員，遇到上述子、午、卯、酉四年的仲秋，集中在省城舉行考試，不限定名額，以合格為度。考官要聘請名儒擔任，不論布衣還是在職的官員都可以，並派提學主持其事。第二年舉行會試，經、子、史科，也依照鄉試的辦法分年進行。由禮部尚書主持全國的會試。考取的士子，由宰相加以鑒別，分配到六部各個衙門裏做公務人員，負責官府的文書工作。選拔其中優秀的人物，做照古代侍中的官職，安排在天子身邊，經過三輪考核，達到要求的，可以調任地方府縣的長官。然後再選拔其中優秀的，擔任各部主事。沒有考取的士子，回去做生員，仍需經過鄉試以後，再參加會試。

薦舉之法：每歲郡舉一人，與於待詔❶之列，宰相以國家疑難之事問之。觀其所對，令廷臣反覆詰難，如漢之賢良文學，以鹽鐵發策❷是也。能自理其說者，量才官之；或假之職事，觀其所效而後官之。若庸下之材，勦說欺人者，舉主坐罪，其人報罷。若道德如吳與弼❸、陳獻章❹，則不次❺待之，舉主受上賞。

【章　旨】此章是關於實行薦舉的具體建議。

【注　釋】❶待詔　等待任職的詔令。古代朝廷召用才藝博學之士，使之待詔候用，稱為待詔。❷漢之賢良文

學二句　西漢昭帝始元六年（西元前八一年），召集各地推舉的賢良文學六十多人，詢問民間疾苦。賢良文學之士，反對鹽鐵官營，及設酒榷、置均輸，與御史大夫桑弘羊等互相詰難。宣帝時，桓寬將這場辯論的言辭，匯集整理為《鹽鐵論》一書。❸吳與弼　明朝正統、天順年間人，早年棄舉子業，閉門讀書，多次拒絕朝廷官員的薦舉。天順元年（西元一四五七年）英宗徵召至京，授左春坊左諭德，侍太子講學。與弼仍堅辭還鄉。七十九歲卒於家鄉崇仁縣。❹陳獻章　新會人，明英宗正統十二年（西元一四四七年）中舉。因會試不利，從吳與弼學。後名聞朝野，被目為「真儒」。❺不次　不依照正常次序。

【語譯】薦舉的方法：每年每府推舉一人，加入待詔的行列，宰相拿國家的疑難事情請教他們。看他們如何對答，並且讓朝中大臣向他們反覆提出質疑，像漢朝向各地推舉的賢良文學之士，提出鹽鐵的問題一樣。他們的對答，能言自成理的，根據他們的才幹，授予官職；或者讓他們暫時代理某項職務，看他們辦事的成效如何，然後授予他們官職。如果是庸下之輩，只能襲用他人的言論，來騙取官職的，舉薦的人就要受懲罰，本人也要取消資格。假若道德像吳與弼、陳獻章一樣的人，那就可以破格對待，舉薦的人，受上等賞賜。

太學之法：州縣學每歲以弟子員之學成者，列其才能德藝以上之，不限名數，缺人則止。太學受而考之，其才能德藝與所上不應者，本生報罷。凡士子之在學者，積歲月累試，分為三等：上等則同登第者，宰相分之為侍中❶屬吏；中等則不取解試，竟入禮闈；下等則罷歸鄉里。

【章旨】此章談通過太學選拔人才的方法。

【注釋】❶侍中　侍從皇帝左右的官。

【語譯】通過太學選拔人才的方法：州學、縣學每年將生員中完成學業的，列舉出他們的才能德藝，上報給太學，不限定名額，如果沒有符合條件的，便不上報。太學接受州、縣學上報的人以後，進而加以考核。其中才能德藝同上報的情況不相符的，這個生員便取消升入太學的資格。凡是在太學就學的學生，累計歲考、月考的成績，分成三個等級：列上等的，同於考中進士，宰相分派他們做侍中下屬的官吏；中等的，便可以不經過鄉試，直接參加會試；下等的，取消學籍，遣返回鄉。

任子之法：六品以上，其子十有五年皆入州縣學，補博士弟子員；若教之十五年而無成，則出學。三品以上，其子十有五年，皆入太學；若教之十五年而無成，則出學。今也大夫之子與庶民之子同試；提學受其請託❶，是使其始進不以正；不受其請託，非所以優門第也。公卿之子，不論其賢否而仕之；賢者則困於常調，不賢者而使之在民上，既有害於民，亦非所以愛之也。

【章旨】此章是對有關「任子」制度所提出的議論。

【注釋】❶請託　以私情相託。

【語譯】任子的辦法是：六品以上的官員，他們的兒子十五歲都進州學、縣學，做生員；假若受教育十五年還學不好的，就令其退學。三品以上的官員，他們的兒子十五歲都進入太學學習；假若受教育十五年還學不好，就令其退學。現在官僚的兒子和老百姓的兒子，一同參加考試，提學官如果接受官僚的請託，這是使他們的兒子一開始進入仕途就不是走正路；如果不接受他們的請託，那又不是優待官員的態度。再說，大臣們的兒子，不管是否賢良都要做官，如果是賢良的，便為升遷的常規所困擾；不賢良的，讓他管理百姓，既有害於人民，也不是對他本人真正的愛護。

郡縣佐之法：郡縣各設六曹❶，提學試弟子員之高等者分置之。如戶曹管賦稅出入，禮曹主祀事、鄉飲酒❷、上下吉凶之禮，兵曹統民戶所出之兵、城守、捕寇，工曹主郡邑之興作❸，刑曹主刑獄，吏曹主各曹之遷除❹資俸❺也。滿三考升貢太學；其才能尤著者，補六部各衙門屬吏。凡廩生❻皆罷。

【章　旨】此章論述通過設置府縣僚佐，來選拔人才的方法。

【注　釋】❶曹　分職辦事的部門。❷鄉飲酒　古時地方上敬老的一種集會，在學校（庠序）裏舉行。❸興作　興建、建築。❹遷除　官員的升調委派。❺資俸　官員的薪金。❻廩生　明清府學、州學、縣學發給生員廩米，食廩生員，稱為廩生。

【語　譯】設置府縣僚佐的辦法是：府和縣各設六曹，提學官通過考試選拔生員中的高等生，分派到六曹任職。如戶曹，主管賦稅的徵收與支出；禮曹，主持祭祀活動、地方的敬老集會以及上下吉事凶事的禮儀；兵曹，統領從民戶抽出來的兵丁，負責城邑的守禦和捕拿盜寇；工曹，主管府縣的建修；刑曹，主管刑獄；吏曹，主管各衙門官員的升調、委任及薪俸。這些分派到六曹任職的生員，經過三輪考核，合格的保送到太學就學；其中才能特別突出的，任命為六部各衙門的屬吏。所有府、州、縣學的生員，都取消廩米的供應。

辟召之法：宰相、六部、方鎮❶及各省巡撫，皆得自辟❷其屬吏，試以職事，如古之攝官❸。其能顯著，然後上聞即真。

【章旨】此章討論徵召辦法的運用。

【注釋】❶方鎮　古代掌握兵權、管理一方的高級軍事長官，如唐以後的節度使、經略使等，也稱藩鎮。❷辟　徵召。執政者徵用有才能的人出來做官。❸攝官　代理政務的官。

【語譯】徵召的辦法是：宰相、六部尚書、管理一方的軍事長官以及各省的巡撫，都可以徵召有才幹的人，擔任自己的屬吏，先給一定職務試用，如同古時候代理政務的官員。其中才能表現突出的，再報告上司正式任命。

絕學❶者，如曆算、樂律、測望❷、占候❸、火器❹、水利之類是也。郡縣上之於朝，政府❺考其果有發明，使之待詔；否則罷歸。

【章旨】此章討論如何對待特殊人才的問題。

【注釋】❶絕學　造詣獨到的、特殊的學問。❷測望　觀測天文氣象。❸占候　依照天象的變化，來推測吉凶。❹火器　指槍礮一類武器。❺政府　宰相辦理政務的地方。此指國家中樞機構。

【語譯】特殊、獨到的學問，如曆學、算學、樂律、測望、占候、槍礮、水利之類。府縣將這樣的人才，上報給朝廷，政府考察他們，果真有所發明，便讓他們待詔候用；如果沒有真才實學，便不考慮任用，並將他們遣返回鄉。

上書有二：一，國家有大事或大奸，朝廷之上不敢言而草野言之者，如唐劉蕡❶、宋陳亮❷是也，則當處以諫職。若為人嗾使，因而撓亂朝政者，如東漢牢修❸告捕黨人之事，即應處斬。一，以所著書進覽，或他人代進，詳看其書足以傳世者，則與登第者一體出身。若無所發明，篡集舊書，且是非謬亂者，如今日趙宦光《說文長箋》、劉振《識大編》之類，部帙❹雖繁，卻其書而遣之。

【章　旨】此章討論通過上書，選拔人才的辦法。

【注　釋】❶劉蕡　唐政治家。字去華，昌平人（今河北昌平）。文宗時，應賢良對策，引用《春秋》故事，極言宦官禍國，勸帝誅滅權奸，考官嘆服，然畏權閹，不敢拔取。後得授祕書郎，又為宦官所誣，貶柳州司戶參軍，憂憤而卒。❷陳亮　南宋著名學者、政治家，為人才氣超邁，喜談兵。孝宗時宋與金議和，陳亮作〈中興五論〉，上書反對，力主抗金。遭當權者嫉恨，屢次被捕入獄。光宗時，授簽書建康府判官，未赴任即死去。❸牢修　東漢桓帝時人，上書誣告李膺等「養太學遊士，交結諸郡生徒」，「共為部黨，誹訕朝廷，疑亂風俗」，以致造成黨錮之禍。❹部帙　指書籍的卷冊。

【語　譯】上書有兩種：一為國家有重大事情，或大奸臣出現，朝廷內沒有人敢說話，而民間有人敢說的，如唐代的劉蕡、宋朝的陳亮，那就應當將這樣的人，安置在諫官的職位上。若是受人唆使，出來擾亂朝政的，像東漢的牢修告捕黨人之事，那就應當將他們斬首。一為將自己所著的書，送到朝廷審閱，或者由別人代為呈送，審查那些書值得流傳於人世的，作者便可得到和進士一樣的出身。若是沒有自己的見解，只是匯集前人的著述，而且顛倒是非的，像現今趙宧光的《說文長箋》、劉振的《識大編》之類，部頭雖然不小，應當退還他們的書，並遣送回鄉。

建都

【題解】本篇主旨，在論述國都應建立在甚麼地方。梨洲主張國都應建立在金陵。因為江南是全國經濟最發達的地區，又是國家財賦的主要來源，定都金陵，就等於守著國家的「倉庫匱篋」。

或問：北都❶之亡忽焉，其故何也？曰：亡之道不一，而建都失算，所以不可救也。夫國祚❷中危，何代無之？安祿山之禍❸，玄宗幸蜀；吐蕃之難❹，代宗幸陝；朱泚之亂❺，德宗幸奉天。以汴京中原四達，就使有急而形勢無所阻。當李賊之圍京城❻也，毅宗亦欲南下；而孤懸絕北，音塵不貫，一時既不能出，出亦不能必達，故不得已而身殉社稷。向非都燕，何遽不及三宗之事乎！

【章旨】指陳明朝毅宗的迅速滅亡，原因在於都城的選擇不恰當。

【注釋】❶北都　明朝京都北京。此指建都北京的明朝中央政權。❷國祚　指帝王之位。祚，福祿。❸安祿山之禍　唐玄宗天寶十四年（西元七五五年），安祿山在范陽起兵反叛，次年安祿山稱帝。唐玄宗在安祿山大軍逼近長安時，逃到四川避難。❹吐蕃之難　唐代宗廣德元年（西元七六三年），吐蕃攻陷長安。長安陷落前，代宗（李豫）逃到陝州（今河南陝縣）。❺朱泚之亂　唐德宗建中四年（西元七八三年），涇原兵在京師譁變，擁立朱泚為帝。德宗（李适）在亂中逃往奉天（今陝西乾縣）。❻李賊之圍京城　明思宗崇禎十七年（西元一六四四年），李自成率大軍攻入北京，崇禎帝自縊於景山。

【語　譯】有人問：明朝北京政權那樣迅速滅亡，其原因是甚麼呢？我的回答是：亡國的原因不止一個，而都城選擇不恰當，確實導致了最後不可挽救的局面。國家政權發生危機，哪一朝哪一代沒有？安祿山發動叛亂，唐玄宗逃到四川；吐蕃入侵，代宗逃到陝州；朱泚作亂，德宗逃往奉天。像汴京中原地區，四通八達，假使有緊急情況，地理形勢便沒有甚麼阻隔。當李賊圍困北京時，毅宗也曾想要南下，因都城孤立地處在極遠的北方，音信不通，一時間既不能出京城，就是出了京城，也不一定能到達目的地，所以在不得已的情況下，才為社稷犧牲了生命。假若不是建都北京，怎麼竟會在倉卒間滅亡，不能像唐玄宗、代宗、德宗時所發生的事件呢！

或曰：自永樂都燕❶，歷十有四代❷，豈可以一代之失，遂議始謀之不善乎？曰：昔人之治天下也，以治天下為事，不以失天下為事者也。有明都燕，不過二百年，而英宗狩於土木❸，武宗困於陽和❹，景泰初，京城受圍❺，嘉靖二十八年受圍❻，四十三年邊人闌入❼，崇禎間京城歲歲戒嚴❽。上下精神，斃❾於寇至，日以失天下為事，而禮樂政教，猶足觀乎！江南之民，命竭於輸輓❿，大府⓫之金錢，靡⓬於河道，皆都燕之為害也！

【章旨】指陳明朝建都燕京以後，給國家帶來的危害。

【注釋】❶永樂都燕　指明成祖建都北京。北京別稱燕京。❷歷十有四代　從成祖起，經仁宗、宣宗、英宗、代宗、憲宗、孝宗、武宗、世宗、穆宗、神宗、光宗、熹宗、毅宗，共十四代。❸英宗狩於土木　正統十四年（西元一四四九年），英宗親率大軍與瓦剌作戰，在土木堡（今河北懷來東）被俘。《孟子・梁惠王下》：「天子適（去，往）諸侯曰巡狩，巡狩者巡所守也。」梨洲稱「狩於土木」，是在土木堡被俘的含蓄說法。❹武宗困於陽和　正德十二年（西元一五一七年），武宗微服出居庸關，至宣府，又至陽和衛（今山西陽高）。此時韃靼兵入侵，犯陽和，掠應州。明諸將奮力抵禦，韃靼兵方退去。❺景泰初二句　英宗被瓦剌俘去後，景帝（代宗）代立，改元景泰。景帝即位初，瓦剌部脅迫英宗隨行，直逼京師。❻嘉靖二十八年受圍　明世宗嘉靖二十八年（西元一五四九年），韃靼兵犯宣府、永寧關，二十九年又由古北口、通州，直抵北京城下。❼四十三年邊人闌入　嘉靖四十二年，韃靼入寇，京師戒嚴。四十三年，韃靼犯山西。闌入，妄自闌入的意思。❽崇禎間京城歲歲戒嚴　崇禎間，受到滿洲政權的威脅，京城年年有戒嚴之事。❾斃　敗壞；消滅。❿輸輓　運送糧食。⓫大府　指督撫衙門。⓬靡　耗散。

【語譯】有人說：自從永樂皇帝建都於燕京，共經歷了十四代，難道能夠因為崇禎一代的失誤，就說開始建都燕京的計畫不好嗎？我的回答是：從前的人治理天下，致力於國家興旺，不是致力於防避國家的禍亂。明朝建都燕京，不過兩百年光景，這中間，英宗在土木堡被瓦剌擄走，武宗在陽和受困，景泰初，京城被包圍，嘉靖二十八年又受圍困，四十三年，韃靼入寇，崇禎間，京城年年戒嚴。朝廷上下的精神，為防備敵寇的入侵，弄得已經瀕臨崩潰，每天都在為擔心失去天下而忙碌，那禮樂政教的設施，還成個樣子嗎？江南的老百姓，為運送京城需要的糧食，累得精疲力盡，總督、巡撫衙門的錢財，都消耗在漕運的河道上，這都是建都燕京所帶來的災難啊！

或曰：有王者起，將復何都？曰：金陵。或曰：古之言形勝者，以關中為上，金陵不與焉，何也？曰：時不同也。秦漢之時，關中風氣❶會聚，田野開闢，人物殷盛；吳楚方脫蠻夷之號，風氣樸略，故金陵不能與之爭勝。今關中人物，不及吳、會❷久矣，又經流寇之亂，煙火聚落，十無二、三，生聚教訓❸，故非一日之所能移也。而東南粟帛，灌輸天下；天下之有吳、會，猶富室之有倉庫匱篋❹也。今夫千金之子，其倉庫匱篋，必身親守之，而門庭則以委之僕妾。舍金陵而勿都，是委僕妾以倉庫匱篋；昔日之都燕，則身守夫門庭矣。曾謂治天下，而智不千金之子若❺與！

【章旨】主張建都於金陵，因為江南地區猶如國家的「倉庫匱篋」，王者應當「身親守之」。

【注釋】❶風氣　風俗習氣。❷吳會　吳郡和會稽郡。即今江浙一帶。❸生聚教訓　人口的繁殖和教育。❹匱篋　櫃和箱。❺智不千金之子若　倒裝句。意同「智不若千金之子」。

【語譯】有人問：如果出現明主聖君，將再在何處建立都城？我的回答是：金陵。有人說：古來講地理形勢優越的，以關中為上等地區，並未將金陵列入在內，那是甚麼道理呢？我的回答是：時代不同了。秦朝、漢朝的時候，關中地區呈現出興旺發達的氣氛，土地已充分開墾，百姓殷實眾多，人才濟濟；而吳楚地方才剛剛去掉蠻夷的稱號，風俗習氣簡樸，所以金陵不能與關中媲美。如今，關中地區的人物，已經有很久不如江浙了，又加上經歷過流寇的戰亂，人戶村落，剩下的不到十分之二、三，人口的繁殖和教育，則不是一天能取得成效的。可是，東南的糧食布帛，可以運出去供應天下；全中國有江浙地方，就像富家有倉庫箱櫃一樣。現在家有千金的人，他的倉庫箱櫃，必定自己親自看守，門庭便委派奴僕去看守。不在金陵建都，這就是將倉庫箱櫃委派給奴僕；往日建都燕京，那是親自看守門庭的作法。難道說治理天下，而智力還不如某些握有千金的小財主嗎！

方鎮

【題解】方鎮，也稱藩鎮，是掌握兵權管理一方的高級軍事長官。梨洲總結明朝亡國的教訓，主張在沿邊設立方鎮，猶如唐代的節度使。梨洲的主張，自然帶有削弱君主專制和集權的意義，同顧炎武「寓封建之意於郡縣之中」的主張，有相通之處；但這個主張，真要實行起來，也必然會造成軍閥割據的局面。這又表現出梨洲思想未周的一面。

今封建❶之事遠矣；因時乘勢，則方鎮可復也。自唐以方鎮亡天下❷，庸人狃❸之，遂為厲階❹。然原其本末則不然。當太宗分置節度❺，皆在邊境，不過數府；其帶甲十萬，力足以控制寇亂。故安祿山、朱泚，皆憑方鎮而起，乃制亂者亦藉方鎮。其後析❻為數十，勢弱兵單；方鎮之兵不足相制，黃巢、朱溫❼，遂決裂而無忌。然則唐之所以亡，由方鎮之弱，非由方鎮之強也。是故封建之弊，強弱吞併，天子之政教，有所不加；郡縣之弊，疆場❽之害，苦無已時。欲去兩者之弊，使其並行不悖，則沿邊之方鎮乎！

【章　旨】由唐代設置節度使的本末，說明要克服封建制和郡縣制的弊病，必須在沿邊設方鎮。

【注　釋】❶封建　古代帝王把爵位、土地，分封給諸侯，諸侯在封地內建立邦國，稱為封建。周代封建制度，已趨於完備，諸侯爵位分公、侯、伯、子、男五等，地有百里、七十里、五十里之別。❷唐以方鎮亡天下　唐朝晚期，藩鎮割據，藩鎮之間，為爭奪地盤發生混戰，最後藩鎮奪取了唐朝的天下。❸狃　習慣；拘泥。❹厲階　禍端；禍患的來由。❺太宗分置節度　唐太宗時，在重要邊區設都督，又稱總管，總攬數州軍事。高宗時，都督帶使持節者，始謂之節度使，然猶未作為官名。睿宗景雲年間，始正式有節度使的官名。❻析　分。❼朱溫　碭山人，本為黃巢部下，降唐後賜名全忠，任宣武節度使。唐昭宗天復三年（西元九〇三年）封梁王。次年篡位，國號梁。❽疆場　國界。

【語　譯】分封諸侯的制度，離我們現在已經很遙遠了，為順應形勢的變化，那方鎮的設立，還可以恢復的。自從唐代由於方鎮勢力的膨脹而亡國，普通人拘泥於習俗之見，把方鎮看成是禍亂的根由。然而推究方鎮設置的始末，就會發現實際上並不是這樣。當唐太宗分別設置節度使時，都在邊境地區，也只不過幾個府；他們統領十萬大軍，力量足以控制寇賊的騷亂。所以安祿山、朱洮，都是憑藉方鎮的權勢發動叛亂的，而平息叛亂的，也是依靠方鎮。此後劃分成幾十個節度使，每個節度使就形勢、兵力說，都很薄弱；由於方鎮的兵力不足以互相制衡，所以黃巢、朱溫，就公然造反而無忌憚。這樣看來，那唐朝亡國的原因，實是由於方鎮的勢力太薄弱，並非由於方鎮的勢力太強大。因此，封建制的弊病，在於大魚吃小魚，強大的吞併弱小的，天子的政治教化，不能推行到所有的地方；郡縣制的弊病，在苦於邊疆無休止的禍患。要想避免兩者的弊病，讓它們同時實行又不相衝突，那就只有在沿邊設置方鎮這個辦法了！

宜將遼東、薊州、宣府、大同、榆林、寧夏、甘肅、固原、延綏俱設方鎮❶，外則雲、貴亦依此例，分割附近州縣屬之。務令其錢糧兵馬，內足自立，外足捍患；田賦商稅，聽其徵收，以充戰守之用；一切政教張弛，不從中制；屬下官員，亦聽其自行辟召，然後名聞。每年一貢，三年一朝，終其世兵民輯睦、疆場寧謐者，許以嗣世。

【章旨】申述關於設置方鎮的具體方案。

【注釋】❶宜將遼東句　遼東等九處，略同明代的「九邊」，為北方邊陲重鎮。《明史・兵志三》：「元人北歸，屢謀興復。永樂遷都北平，三面近塞。正統以後，敵患日多。故終明之世，邊防甚重。東起鴨綠，西抵嘉峪，綿亙萬里，分地守禦。初設遼東（遼寧遼陽）、宣府（察哈爾宣化）、大同（山西大同）、延綏（陝西榆林）四鎮，繼設寧夏（寧夏銀川）、甘肅（甘肅張掖）、薊州（河北薊縣）三鎮，而太原總兵治偏頭（山西河曲），三邊制府駐固原（寧夏固原），亦稱二鎮，是為九邊。」黃宗羲所規劃的方鎮，主要亦是沿北邊長城設置，不同的只是把陝西北部的榆林衛與延綏鎮這內外兩道邊牆防線均設方鎮。

【語譯】應當將遼東、薊州、宣府、大同、榆林、寧夏、甘肅、固原、延綏，都設置方鎮，此外雲南、貴州，也依此例設方鎮，劃分附近的州縣，歸屬他們管轄。務必要讓他們的錢糧兵馬，都很充足，對內足以維持自身的需要，對外足以防禦禍患；田賦商稅，任憑他們徵收，以充作作戰的用費；一切政治教化方面的舉措，朝廷不加牽制；下屬官員，也任憑他們自行徵召，然後將名單上報。每年向朝廷進一次貢，三年朝見天子一次，方鎮將領，一生能使兵民和睦、邊疆安寧的，允許他的後代繼承職位。

凡此則有五利：今各邊❶有總督❷，有巡撫❸，有總兵❹，有本兵❺，有事復設經略❻，事權不一，能者壞於牽制，不能者易於推委，枝梧旦夕之間❼，掩飾章奏之上；其未至潰決者，直❽須時耳。統帥專一，獨任其咎❾，則思慮自周，戰守自固，以各為長子孫之計；一也。國家一有警急，常竭天下之財，不足供一方之用；今一方之財自供一方；二也。

邊鎮之主兵，常不如客兵，故常以調發致亂，天啟之奢酋❿、崇禎之萊圍⓫是也；今一方之兵自供一方，三也。治兵措餉，皆出朝廷，常以一方而動四方；既各有專地，兵食不出於外，即一方不寧，他方宴如⓬；四也。外有強兵，中朝自然顧忌；山有虎豹，藜藿⓭不採；五也。

【章旨】此章論述沿邊設置方鎮的功用。

【注釋】❶邊 邊鎮。明朝在北方邊陲要地，設九個軍事重鎮，即遼東、宣府、大同、延綏、寧夏、甘肅、薊州、太原、固原，合稱「九邊」。❷總督 明初在用兵時，派部院官總督軍務，非常設之官。中葉以後，陸續在某些地方設置總督，成為定制。清代始正式以總督為地方最高長官，轄一省或二、三省，綜理軍民要政。❸巡撫 明代派遣京官，加副都御史或僉都御史或兵部侍郎銜，巡撫地方，久之，成為地方長官。❹總兵 明代總兵，本為遇有戰事臨時差遣的統兵官，後來成為常駐重鎮的武官名。❺本兵 明代稱兵部尚書為本兵。❻經略 明朝有重要軍事任務時，特設經略使，權任在總督之上。❼旦夕之間 日常；平日。❽直 僅僅；只是。❾咎 罪責。❿天啟之奢酋 指永寧宣撫司奢崇明，其先祖本倮儸人，天啟初年，借調兵援遼的機會，據重慶謀反，國號大梁。⓫崇禎之萊圍 明思宗崇禎四年（西元一六三一年），登州參將孔有德，奉命援遼，行至吳橋，聚眾叛變，隨與耿仲明勾結攻陷登州，進圍萊州。孔有德投清後，封定南王。清世祖順治九年（西元一六五二年），孔有德在廣西戰敗自縊，諡武壯。⓬宴如 同「晏如」。安然不慌張。⓭藜藿 指野菜。藜，植物名。苗葉可食。藿，豆的嫩葉。

【語　譯】總起來說，這樣做有五大好處：如今各邊鎮設有總督，有巡撫，有總兵，有帶兵部尚書銜的，遇有重要軍務，又設經略使，職權不統一，能幹的將領，因受到種種牽制而辦不好事，低能的，極容易藉此推卸責任；日常辦事都是搪塞，呈送奏章，都是掩飾真相；這種情狀，所以還不至於潰敗，只不過是時間問題罷了。如果按我的意見，設置方鎮，統帥事權專一，獨立承擔責任，那他考慮事情，自然周到細密，攻防守備，自然堅固，因為各人都要為養育子孫而籌劃；這是第一大好處。國家一旦有了急變，常常要用盡天下的財力，還不能充分供應一個出事地方的費用；現在按照我的辦法，一個地方的財力，供應自己一個地方；這是第二大好處。邊鎮的主兵，常常不如外調來的客兵，所以常常因為調動、徵發軍隊，而引起叛亂，像天啟年間的奢崇明叛亂、崇禎年間萊州被圍，就是因為這種情事而發生的。現在按照我的辦法，一個地方的兵力，供給自己一個地方使用；這是第三大好處。出兵、籌措糧餉，都由朝廷負責，常常因為一個地方有事而驚動四方。按照我的辦法，方鎮既然各有專管的地方，兵和糧餉不依靠外地，即使一個地方不安寧，其他地方仍然太平無事；這是第四大好處。地方上兵力強大，朝廷自然有所顧忌；像俗話說的，山中有老虎、豹子，藜藿便沒有人敢去採摘；這是第五大好處。

田制一

【題解】此篇論井田制破壞以後，天下的賦稅一代比一代重，百姓一代比一代貧困；作者希望「有王者起」，「重定天下之賦」，以解救萬民的困敝。

昔者禹則壤定賦❶，《周官》❷體國經野❸，則是夏之所定者，至周已不可為準矣。當是時，其國之君，於其封疆之內，田土之肥瘠，民口之眾寡，時勢之遷改，視之為門以內之事也。

【章旨】論三代的田地制度與賦稅制度的變化，以引出後文。

【注釋】❶則壤定賦　劃分土地的等級，制定賦稅的比率。顧炎武《日知錄》中說：「古來田賦之制，實始於禹。」❷周官　此指《周禮》。相傳為周公所作。❸體國經野　規劃京城中的建置，測量劃分京畿以外的地區。體，是劃分的意思。國，指京城。經，是測量遠近的里數。野，指京畿以外的地區。「體國經野」一語見《周禮・天官》。相傳周代的井田制，每方里土地，按井字形劃作九區，每區百畝，分配農民耕種，中間一區為公田，其他八區為私田。即孟子說的：「方里而井，井九百畝，其中為公田。八家皆私百畝，同養公田。」

【語譯】古代大禹劃分土地的等級，制定賦稅的比率；周公在《周禮》中，規劃京城中的建置，測量、劃分京畿以外的土地；這就是說，夏朝所定的制度，到周朝已經不能作為標準了。當周朝的時候，諸侯國的君主，在他們封地以內，田地的肥沃與瘠薄，人口的多少，時勢的變革，他們都看作是自己家中的事。

井田既壞，漢初十五而稅一❶，文、景三十而稅一❷；光武初行什一之法❸，後亦三十而稅一。蓋土地廣大，不能縷分區別；總其大勢，使瘠土之民，不至於甚困而已。是故合九州❹之田，以下下為則❺；下下者不困，則天下之勢相安，吾亦可無事於縷分區別，而為則壤經野之事也。夫三十而稅一，下下之稅也。當三代之盛，賦有九等❻，不能盡出於下下；漢獨能為三代之所不能為者，豈漢之德過於三代歟？古者井田養民，其田皆上之田也；自秦而後，民所自有之田也。上既不能養民，使民自養，又從而賦之，雖三十而稅一，較之於古，亦未嘗為輕也。

【章　旨】此章論漢代田賦的比率。認為「三十而稅一」較為合理，能夠使「天下之勢相安」；但又指出，同井田制下農民的負擔相比，「三十而稅一」並不算輕。

【注　釋】❶十五而稅一　按田地收成的十五分之一的比例徵收賦稅，漢初一度實行，後廢。見《漢書・食貨志》。❷三十而稅一　漢景帝二年（西元前一五六年），實行按三十分之一的比例徵收賦稅。見《漢書・食貨志》。❸什一之法　十一之稅，十分而稅其一。漢光武初建國時，實行什一之稅；建武六年（西元三〇年），改三十稅一，如西漢舊制。❹九州　《尚書・禹貢》中的九州為冀、豫、雍、揚、兗、徐、梁、青、荊。❺以下下為則　按下下等的土地，確定徵稅的標準。《尚書・禹貢》分土地為九等，即上上、上中、上下、中上、中中、中下、下上、下中、下下。❻賦有九等　《尚書・禹貢》分賦稅為九等，即上上、上中、上下，以至下中、下下。

【語　譯】井田制被破壞以後，漢朝初年按十五分之一的比例徵收賦稅，文、景帝時，按三十分之一的比例徵收賦稅；光武帝建國之初，實行十分抽一的稅法，後來也改成按三十分之一的比例徵稅。全國土地面積廣大，不可能瑣細地分門別類；總攬大的形勢，使瘠薄土地上的老百姓不至於太貧困就可以了。因此，綜合九州的田地，按下下等的土地，確定徵稅的標準；下下等土地上的農民不貧困，那天下的形勢，便能得到安寧，我們也不必要從事於繁瑣的劃分土地的等級了。按三十分之一的比例徵稅，就是下下等的賦稅。在夏、商、周三代盛世時，賦稅有九個等級，並不都是下下等；漢代竟能夠實行三代所不能實行的稅制，難道漢朝的德政，還超過三代嗎？不是的。古代依靠井田制養育百姓，那時候的田地都是上等土地；從秦朝以後，田地是百姓自己所有的。帝王既不能養育百姓，讓百姓自己養活自己，又隨著徵收賦稅，即使按三十分之一的比例收稅，同實行井田制的古代相比，百姓的負擔也不算輕。

至於後世，不能深原其本末，以為什一而稅，古之法也❶，漢之省賦❷，非通行長久之道，必欲合於古法。九州之田，不授於上而賦以什一，則是以上上為則也。以上上為則，而民焉有不困者乎！漢之武帝，度支❸不足，至於賣爵、貸假❹、榷酤❺、算緡❻、鹽鐵❼之事，無所不舉，乃終不敢有加於田賦者，彼東郭咸陽、孔僅、桑弘羊❽，計慮猶未熟與？然則什而稅一，名為古法，其不合於古法甚矣。而兵興之世，又不能守其什一者；其賦之於民，不任田而任用❾，以一時之用，制天下之賦，後王因之；後王既衰，又以其時之用，制天下之賦，而後王又因之。嗚呼！吾見天下之賦日增，而後之為民者，日困於前。

【章　旨】陳述西漢以後，歷代朝廷提高徵稅比率，甚至根據朝廷的需要，任意增加稅收，以致「天下之賦日增」，「為民者，日困於前」。

【注　釋】❶什一而稅二句　《孟子．滕文公上》講到古代的賦稅制度時說：夏代每家授田五十畝，而行貢法，商朝每家七十畝，而行助法，周朝每家一百畝，而行徹法；稅制雖然不同，稅額「其實皆什一也」。認為什一之稅，是古法，當來源於此。❷省賦　減稅。省，減。❸度支　計算；計量。指國家的財用。❹貸假　向富人借貸。《漢書·食貨志》：「其明年，山東被水災，民多饑乏，於是天子遣使，虛郡國倉廩以振貧，猶不足，又募豪富人相假貸。」❺榷酤　酒由國家專賣。漢武帝天漢三年（西元前九八年），始榷酒酤。❻算緡　對儲積有錢的人，計其緡貫而稅之。算是算賦，一百二十錢為一算。緡是貫串錢的絲繩，也指成串的錢。漢武帝元狩四年（西元前一一九年），「初算緡錢」。對商人的資財，每二千錢收稅一算；對手工業者的資財，每四千錢收稅一算。❼鹽鐵　指漢武帝實行的鹽鐵專賣政策。❽彼東郭咸陽句　《漢書·食貨志》：「於是以東郭咸陽、孔僅為大農丞，領鹽鐵事；而桑弘羊貴幸。」東郭咸陽，姓東郭，名咸陽。孔僅，南陽人，後來官至大司農，為九卿之一。桑弘羊，洛陽商人之子，武帝時，為治粟都尉，領大司農，推行鹽、鐵、酒國家專賣政策，以善理財著名。武帝臨終，授御史大夫，與霍光同輔昭帝。❾不任田而任用　不依據田地的出產，而依據朝廷開支的需要來徵收賦稅。

【語　譯】到了後代，不能深入地探究這件事情的發展過程，認為按十分之一的標準徵收賦稅，是古已有之的稅法，漢朝的低稅率，不是通行長久的辦法，一定要實行符合古代十分抽一的稅法。九州的田地，朝廷不分給百姓，還要按十分之一的標準徵收賦稅，這就是按上上等土地定的標準。按上上等土地制定徵稅的標準，老百姓哪有不貧困的呢！漢武帝時候，國家財政發生困難，以至於出賣官爵、向富人借貸、酒類專賣、加重工商業稅收、鹽鐵官營，這樣的事無不舉辦，卻終究不敢提高田賦徵收的標準，當時東郭咸陽、孔僅、桑弘羊等理財專家，計慮還不周詳嗎？這樣看來，那十分稅一的標準，說是古代的稅法，實際上卻非常不符合。而且一到戰爭年代，又不能堅持十分之一的稅率；他們向老百姓徵稅，不是依據田地的出產，而是依據朝廷開支的需要，根據一時的需要，制定全國的稅率，後面的帝王，便因襲沿用；後面的帝王衰敝以後，又根據一時的需要，制定全國的稅率，再後面的帝王，又因襲沿用。唉！我看到天下的賦稅，一天比一天加重，後世的老百姓，則一天比一天更貧困。

儒者曰：「井田不復，仁政不行，天下之民始敝敝矣。」孰知魏、晉之民，又困於漢，唐、宋之民，又困於魏、晉，則天下之害民者，寧獨在井田之不復乎！今天下之財賦，出於江南；江南之賦至錢氏❶而重，宋未嘗改；至張士誠❷而又重，有明亦未嘗改。故一畝之賦，自三斗起科❸，至於七斗；七斗之外，尚有官耗❹私增❺。計其一歲之穫，不過一石，盡輸於官，然且不足。乃其所以至此者，因循亂世苟且之術❻也。吾意有王者起，必當重定天下之賦；重定天下之賦，必當以下下為則，而後合於古法也。

【章旨】指陳後世民生凋敝，不僅是因為沒有恢復井田制，也是由於一代比一代苛重的賦稅；希望出現明主聖君，重定天下之賦，以下下等土地作為徵稅的標準。

【注釋】❶錢氏　指五代時的吳越王錢鏐及其子孫。❷張士誠　元末群雄之一，曾聚鹽民起義，據有泰州、高郵、湖州、松江、常州等地，稱誠王，國號周。後來投降元朝，仍擴占土地，割據範圍，南至浙江紹興，北至山東濟寧。元惠宗至正二十三年（西元一三六三年），復自立為吳王。最後為朱元璋擊敗，自縊死。❸科　依法徵稅。❹官耗　古代官府徵收賦稅，為彌補耗損，於正額外，多收若干錢糧，稱為耗羨。因是彌補官府的耗損，所以又叫官耗。❺私增　指地方官吏，在朝廷規定的稅額之外，私自巧立名目，增加稅收。❻苟且之術　只圖眼前需要、得過且過的措施。

【語譯】儒家的人士說：「不恢復井田制，不實行仁政，天下的百姓才生計困迫。」誰知魏晉的百姓，又比漢朝的百姓貧困，唐宋的百姓，又比魏晉的百姓貧困；這可見給天下百姓造成災難的，豈只是不恢復井田制的問題！如今國家的財賦出自江南；江南的賦稅，到五代吳越王時加重，宋朝建國後沒有變動；到張士誠割據江南時，又進一步加重，明朝建國後，也不曾變動。所以，一畝田的賦稅，開頭徵收三斗，逐步加到了七斗；七斗以外，還要附加官府的耗羨和官吏們私自徵收的錢糧。總計一年的收穫，一畝地不過一石，完全交納給官府，還仍然不夠。之所以弄到這個地步，就是因為歷代政府，沿襲了亂世只顧眼前得過且過的措施。我想有明主聖君出來，一定會重新制定全國的稅法；重新制定全國的稅法，一定會按下下等土地規定徵稅的標準，而後就符合古代的稅制了。

或曰：「三十而稅一，國用不足矣。」夫古者千里之內，天子食之❶；其收之諸侯之貢者，不能❷十之一。今郡縣之賦，郡縣食之不能十之一，其解運❸至於京師者十之九。彼收其十一者尚無不足，收其十九者而反憂之乎！

【章旨】回答對實行「三十而稅一」的疑問。

【注釋】❶千里之內天子食之　周朝的制度，千里之地的王畿，供養天子。《孟子・萬章下》：「天子之制，地方千里。」❷不能　不足；不及。❸解運　押送。

【語譯】有人說：「按三十分之一的比例徵稅，國家收入太少，不夠開支的需要。」我們看古代的天子，依靠千里之地供養；他收納諸侯的貢賦，不到諸侯收入的十分之一。如今各府、縣徵收的賦稅，府、縣食用的，不到十分之一，其他十分之九，都解運到京師去了。古代天子收納十分之一，都能滿足國家的需要，如今徵收十分之九，反而還擔心國家不夠開支嗎！

田制二

【題解】本篇主旨，在申述恢復井田制的理由和辦法。

自井田之廢，董仲舒❶有限民名田❷之議；師丹、孔光❸因之，令民名田，無過三十頃，期盡三年而犯者沒入之。其意雖善；然古之聖君，方❹授田以養民，今民所自有之田，乃復以法奪之；授田之政未成，而奪田之事先見，所謂行一不義而不可為也❺！或者謂奪富民之田則生亂，欲復井田者，乘大亂之後，土曠人稀而後可；故漢高祖之滅秦，光武之乘漢，可為而不為為足惜。夫先王之制井田，所以遂❻民之生，使其繁庶也。今幸民之殺戮，為其可以便吾事；將使田既井而後人民繁庶，或不能於吾制無齟齬❼，豈反謂之不幸與？

【章　旨】說明井田制廢棄以後，在土地制度上，缺乏良法美意。

【注　釋】❶董仲舒　西漢哲學家、經學家，曾任博士、江都相和膠西王相，主張罷黜百家，獨尊儒術，為漢武帝所採納。❷限民名田　董仲舒曾上書，提出：「古井田法雖難卒行，宜少近古，限民名田以澹（贍）不足，塞并兼之路。」（《漢書・食貨志》）名田，指私人名義下的田產。即私人所有的土地。董仲舒建議限制百姓中私人占有田地的數量，以抑制兼併。❸師丹孔光　西漢末年大臣。哀帝即位後，師丹輔政，曾上書建言：「古之聖王莫不設井田，然後治迺可平。孝文皇帝，承亡周亂秦兵革之後，天下空虛，故務勸農桑，帥以節儉，民始充實，未有并兼之害，故不為民田及奴婢為限。今累世承平，豪富吏民，訾數鉅萬，而貧弱俞（愈）困，……宜略為限（對私人占有的田地和奴婢加以限制）。」丞相孔光隨即奏請：「吏民名田，皆毋過三十頃……期盡三年，犯者沒入官。」均見《漢書・食貨志》。❹方　普遍。❺行一不義而不可為也　《孟子・公孫丑上》：「行一不義、殺一不辜而得天下，皆不為也。」❻遂　順。❼齟齬　上下齒不相合。比喻意見相左。

【語　譯】自從井田制廢棄以後，董仲舒曾提出對百姓私人占有田地加以限制的建議；師丹、孔光承襲他的主張，規定百姓占田，不得超過三十頃，多餘的田地，在三年之內必須轉讓出去，三年的期限到了，還多占有田地的，沒收財產入官。他們的用意雖然很好；但是，古代聖明的君主，普遍地分配田地來養活百姓，如今百姓自己購置的田地，卻要採用法制手段，強行奪取；分配田地的政令沒有實行，先看到的，竟是強奪百姓的田地。俗話說，做一件不義的事都不能幹啊！有人說，強奪富民的田地，就會發生動亂，希望恢復井田制的，趁社會大動亂之後，地曠人稀的時候便可以辦；所以，漢高祖滅秦以後，光武帝承續漢朝江山以後，可以恢復井田制而不恢復井田制，真是太可惜了。先王確立井田制度，是為了讓百姓各遂其生，使人口得以繁盛。如今卻慶幸百姓遭到殺戮，因為可以方便自己推行井田制度；使井田制恢復以後，人口就得以繁盛，或許同自己主張的制度不無抵觸，難道反認為是不幸的事嗎？

後儒言井田必不可復者，莫詳於蘇洵❶；言井田必可復者，莫切於胡翰❷、方孝孺❸。洵以川、路、澮、道、洫、涂、溝、畛、遂、徑之制❹，非窮數百年之力不可。夫誠授民以田，有道路可通，有水利可修，亦何必拘泥其制度疆界之末乎！凡蘇洵之所憂者，皆非為井田者之所急也。胡翰、方孝孺，但言其可復，其所以復之之法亦不能詳。余蓋於衛所❺之屯田❻，而知所以復井田者亦不外於是矣。世儒於屯田則言可行，於井田則言不可行，是不知二五之為十矣！

【章　旨】評論蘇洵和胡翰、方孝孺有關井田制的主張，並提出仿照明代衛所的屯田，以恢復井田制。

【注　釋】❶蘇洵　北宋眉山人，字明允，蘇東坡之父，以文章著名於世。所著《嘉祐集‧卷五‧田制》中云：「井田之制，萬夫之地，蓋三十二里有半。其間為川為路者一，為澮為道者九，為洫為涂者百，為溝為畛者千，為遂為徑者萬。……非塞谿壑，平澗谷，夷丘陵，破墳墓，壞廬舍，徙城廓，易疆隴，不可為也。縱使能盡得平原廣野，而遂規劃於其中，亦當驅天下之人，竭天下之糧，窮數百年而專力於此，不治他事，而後可以望天下之地盡為井田，盡為溝洫，已而又為民作屋廬於其中，以安其居而後可。吁，亦已迂矣！」❷胡翰　元末明初著名學者，其《胡仲子集》卷一的〈井牧〉一文，曾論述井田十便，並說：「天地養萬物，聖人養萬民，故天下之利，聖人不私諸己，亦不以私於人，井田之制是也。井田者，仁政之首也；井田不復，仁政不行，天下之民，始敝敝矣。」❸方孝孺　明初著名學者，浙江寧海人，惠帝時，任侍講學士，因不肯為成祖起草登極詔書，被成祖殺害。其《遜志齋集》的〈宗儀〉、〈與友人論井田書〉等篇提出恢復井田制。❹洵以川句　據《周禮・地官・遂人》鄭玄注：遂、溝、洫、澮，是田間排水的溝渠，同井田周圍的大水道（川）相通。遂，廣、深各二尺；溝倍之，洫倍溝；澮廣二尋，深二仞。徑、畛、涂、道、路，是田間人和車馬通行的路徑。徑容牛馬，畛容大車，涂容乘車一軌，道容二軌，路容三軌。❺衛所　明朝的軍事編制。京師和各要害地設衛所，一府設所，數府劃為一個防區設衛。大抵五千六百人為衛，一千一百二十人為千戶所，一百一十二人為百戶所。軍士有軍籍，均為世襲。各衛所，分屬各省的都指揮使司（都司），統由中央五軍都督府分別管轄。❻屯田　明代衛所的軍士，以小部分守城，大部分墾種，稱軍屯。

【語　譯】後世的儒者說井田一定不能恢復的，以蘇洵講得最詳明；說井田一定可以恢復的，以胡翰、方孝孺講得最懇切。蘇洵認為井田中的川、路、澮、道、洫、涂、溝、畛、遂、徑的體系，非用幾百年的功夫不可能建成。如果真要將田地分配給百姓，並在其中築有通行的道路，修建水利設施，又何必拘泥於井田原有規制、地界這些枝節問題呢！蘇洵所擔心的一切，都不是實行井田制時要急於解決的問題。胡翰、方孝孺，只說井田制可以恢復，但如何恢復的方法，講得並不具體。我從衛所的屯田中，懂得恢復井田的方法，大抵也不外是這個樣子。社會上一般儒生，對屯田這件事，說是可以實行，對井田制卻說不可以實行，這真可說是不知道兩個五為十的人了！

每軍撥田五十畝❶，古之百畝❷也；非即周時一夫授田百畝❸乎？五十畝科❹正糧十二石，聽本軍支用，餘糧十二石，給本衛官軍俸糧，是實徵十二石也。每畝二斗四升，亦即周之鄉遂❺用貢法❻也。天下屯田，見❼額六十四萬四千二百四十三頃，以萬曆六年，實在田土七百一萬三千九百七十六頃二十八畝律❽之，屯田居其十分之一也；授田之法未行者，特❾九分耳。由一以推之九，似亦未為難行。況田有官、民；官田者，非民所得而自有者也。州縣之內，官田又居其十分之三。以實在田土均之，人戶一千六十二萬一千四百三十六，每戶授田五十畝，尚餘田一萬七千三十二萬五千八百二十八畝，以聽富民之所占，則天下之田自無不足，又何必限田、均田❿之紛紛，而徒為困苦富民之事乎！故吾於屯田之行，而知井田之必可復也。

【章 旨】由衛所屯田法的具體分析，強調井田制的可以恢復。

【注 釋】❶每軍撥田五十畝 明代衛所軍屯，每軍受田五十畝。見《明史・食貨志》。❷古之百畝 周代「六尺為步，步百為畝」(《漢書・食貨志》)，即一步寬、一百步長為一畝。明代用漢朝田制，「五尺為步，步二百四十為畝」(《明史・食貨志》)，即一步寬、二百四十步長為一畝。明代五十畝，約相當於周代的一百畝。❸一夫授田百畝 周朝井田制，一夫授田百畝。見《孟子・滕文公上》及《禮記・王制》。❹科 課徵。❺鄉遂 古代行政區域名。❻貢法 據《孟子・滕文公上》朱熹注，周朝有貢法和助法之分。一夫授田百畝，按十分之一徵收田賦，謂之貢法。❼見 現今。❽律 基準。此處用作動詞。❾特 僅僅；只是。❿均田 漢朝的均田，是按照等級賜田的意思，見《漢書・王嘉傳》。後來北魏至唐中葉實行的均田制，是按人口分配土地的制度。

【語 譯】每個軍士分田五十畝，相當於古代的一百畝，這不就是周朝時一個男子授田一百畝的辦法嗎？五十畝徵收正賦十二石，聽由本軍支用，另外徵收十二石，給本衛所官員和軍士作俸糧，這表明實際徵收十二石。每畝徵二斗四升，也就相當於周朝鄉遂地方徵收田賦的貢法。全國屯田，現有數額為六十四萬四千二百四十三頃，用萬曆六年實在田地七百零一萬三千九百七十六頃二十八畝作標準計算，屯田占全國田地的十分之一；換句話說，沒有實行授田辦法的，僅是十分之九的田地。由十分之一的地方，進而推行到十分之九的地方，做起來似乎也不算很難。況且田有官田、民田之分，官田不是老百姓所自有的；各州縣之內，官田又占田地的十分之三。按全國實在田地平均分配，全國人戶一千零六十二萬一千四百三十六，每戶分田五十畝，還剩餘一萬七千零三十二萬五千八百二十八畝，讓富裕的人去占有，那天下的田地，就自然不會缺乏了，又何必實行限田、均田使天下不安寧，而毫無意義地做傷害富民的事情呢！所以說，我從屯田的實行，就可以知道井田制的一定可以恢復。

難❶者曰：屯田既如井田，則屯田之軍，日益繁庶，何以復有銷耗❷也？曰：此其說有四：屯田非土著❸之民，雖授之田，不足以挽其鄉土之思，一也。又令少壯者守城，老弱者屯種，夫屯種而任之老弱，則所穫幾何？且彼見不屯者之未嘗不得食也，亦何為而任其勞苦乎？二也。古者什而稅一；今每畝二斗四升，計一畝之入不過一石，則是什稅二有❹半矣，三也。又徵收主自武人，而郡縣不與，則凡刻剝❺其軍者，何所不為，四也。而又何怪乎其銷耗與！

【章　旨】說明屯田軍士日益減少的原因，以消除人們對井田制的疑慮。

【注　釋】❶難　質疑。❷復有銷耗　明朝中葉以後，軍屯弊端，日趨嚴重，屯軍逃亡甚多。❸土著　定居不遷。❹有　同「又」。❺刻剝　扣剋剝削。

【語　譯】表示懷疑的人說：屯田既然如同井田制，那麼屯田的軍士，就應該日益增多，為甚麼又有所減少呢？我的解釋是：這種現象的產生，有四方面的原因：屯田軍士，不是土著居民，雖然把田地分給了他們，也不能夠轉變他們對家鄉故土的思念。這是第一個原因。又加上派年輕力壯的軍士守城，叫老弱的軍人屯田種地，由老弱的人承擔屯田種地，那能收穫多少呢？再說那些老弱者，看到不屯種的軍士，照樣有飯吃，他們也不願意承受屯種的勞苦了。這是第二個原因。古代按十分之一的比例徵稅；如今每畝徵二斗四升，一畝田的收穫，算起來不過一石，這樣徵收，稅率就是十分之二點五了。這是屯軍逃亡的第三個原因。又加上徵收賦稅，是由軍人主持，府縣地方政府不能干預，於是種種苛刻剝削軍士的事情，都做得出來，屯田的軍士，當然忍受不住啦。這是第四個原因。有這四個原因，屯田軍士減少，又有甚麼奇怪的呢！

田制三

【題 解】論兩漢以後的賦稅制度，有「積累莫返」、「所稅非所出」、「田土無等第」三大弊端。

或問：井田可復，既得聞命矣；若夫定稅則如何而後可？曰：斯民之苦暴稅久矣，有積累莫返❶之害，有所稅非所出之害，有田土無等第之害。

【章 旨】總述兩漢以後賦稅制度的三大弊端。

【注 釋】❶積累莫返 稅額一代一代累積不能還原。

【語 譯】有人問：井田制可以恢復，已經聽到了你的意見；如果要確定稅制，那應該怎樣才可以呢？我說：老百姓遭受橫徵暴斂的痛苦已經很久了，有稅額一代一代累積卻不能還原的禍害，有徵收的稅不是百姓生產品的禍害，有田地不分等級的禍害。

何謂積累莫返之害？三代之貢、助、徹❶，止稅田土而已。魏晉有戶調❷之名，有田者出租賦，有戶者出布帛，田之外，復有戶矣。唐初立租、庸、調之法❸，有田則有租，有戶則有調，有身則有庸；租出穀，庸出絹，調出繒纊❹布麻；戶之外，復有丁矣。楊炎變為兩稅❺，人無丁、中❻，以貧富為差，雖租、庸、調之名渾然不見，其實併庸、調而入於租也。相傳至宋，未嘗減庸、調於租內，而復斂丁身錢米❼。後世安之，謂兩稅，租也；丁身，庸、調也；豈知其為重出之賦乎！使庸、調之名不去，何至是耶！故楊炎之利於一時者少，而害於後世者大矣。有明兩稅、丁口而外，有力差，有銀差❽，蓋十年而一值。嘉靖末，行一條鞭法❾，通府州縣，十歲中夏稅、秋糧、存留、起運之額❿，均徭、里甲、土貢⓫、顧募⓬、加銀⓭之例，一條總徵之。使一年而出者分為十年，及至所值之年一如餘年，是銀、力二差又併入於兩稅也。未幾而里甲之值年者，雜役仍復紛然。其後又安之，謂條鞭，兩稅也；雜役，值年之差也；豈知其為重出之差乎！使銀差、力差之名不去，何至是耶！故條鞭之利於一時者少，而害於後世者大矣。萬曆間，舊餉五百萬，其末年加新餉九百萬，崇禎間，又增練餉⑭七百三十萬。倪元璐⑮為戶部，合三餉⑯為一，是新餉、練餉又併入於兩稅也。至今日以為兩稅固然，豈知其所以亡天下者之在斯乎！使練餉、新餉之名不改，或者顧名而思義，未可知也；此又元璐不學無術之過也。嗟乎！稅額之積累至此，民之得有其生也亦無幾矣。今欲定稅，須反積累以前而為之制。授田於民，以什一為則；未授之田，以二十一為則；其戶口則以為出兵養兵之賦；國用自無不足，又何事於暴稅乎！

【章　旨】兩漢以後，稅額一代一代累積，百姓負擔一代比一代加重。梨洲稱之為「積累莫返之害」。本章對此作了分析。

【注　釋】❶三代之貢助徹　《孟子・滕文公上》說：夏代每家五十畝地而行貢法，商朝每家七十畝地而行助法，周朝每家一百畝地而行徹法。稅率其實都是十分之一。據前人研究，各家耕種自己分得的田地，向國家貢奉稅糧，稱為「貢」；將田地按井字形劃作九區，中間一區為公田，周圍八區為私田，借八家之力以助耕公田，不另徵稅，謂之「助」；「徹」是通的意思，按十分之一徵稅，是天下通行稅法。❷戶調　戶稅。據《晉書・食貨志》記載，曹操在鄴都時，除每畝地收四升粟的田租外，另每戶徵收絹二匹、綿二斤。晉武帝司馬炎，統一全國後，「制戶調之式，丁男之戶，歲輸絹三匹、綿三斤」。❸租庸調之法　唐高祖武德二年（西元六一九年），制定的賦役制度：租為田賦；庸為丁役，徵人力（或用絹代替）；調為戶調，徵布匹。凡丁男授田一頃，每年定量輸納。❹繒纊　絲布和絲絮的總稱。繒，絲帛。纊，絲絮。❺兩稅　夏、秋兩稅。唐中葉以後，均田制名存實亡，租庸調制已不適用。德宗時宰相楊炎，制定兩稅法，把租、庸、調合併為一，規定用錢納稅。夏稅不超過六月，秋稅不超過十一月，以兩稅總括全部稅收。❻人無丁中　兩稅按照個人資產、田畝的多少，定出應納國稅的數額，不論人是「丁」或是「中」，即人沒有丁、中的區別。《新唐書・食貨志》：「凡民始生為黃，四歲為小，十六（歲）為中，二十一（歲）為丁，六十（歲）為老。」❼丁身錢米　按人丁徵收的賦稅。《宋史・食貨志》說宋朝的歲賦有五類，其中丁口之賦，即「百姓歲輸身丁錢米是也。」❽有明兩稅三句　明初的賦役有二類：一為田租，分夏稅、秋糧兩種。二為勞役，十六歲成丁即應服役，到六十歲免役。役又分三種，按民戶派充的叫甲役（里甲），按丁口派充的叫傜役（均傜），臨時徵調的叫雜役（雜泛）。凡是應役戶親身充役的謂之力差，凡是應役戶繳銀代役的謂之銀差。❾一條鞭法　將勞役、兩稅以及各種名目的額外徵收、土貢方物等合併為一，按田畝徵收，用銀折納。嘉靖年間，開始在部分地區實行，萬曆年間，在全國普遍推行。❿存留起運之額　因地方需要留存稅糧和運送稅糧而加徵的錢糧。⓫土貢　各地進貢的特產。⓬顧募　即「僱募」。不直接徵取傜役，而是出錢僱用民伕進行公共事務。⓭加銀　額外加收的金額。⓮練餉　為籌措練兵費用而加派的賦稅。⓯倪元璐　浙江上虞人，字玉汝，崇禎年間任戶部尚書。⓰三餉　明朝末年，因軍糧的急需而增加的苛稅。一般所謂「三餉」，指「剿餉」（為籌措鎮壓流寇的軍糧而加派的賦稅）、「遼餉」（為籌措遼東駐軍餉銀而加派的賦稅）和「練餉」。梨洲此處指萬曆年間的舊餉、新餉和崇禎年間的練餉，與剿餉、遼餉、練餉三者的含義，大略相同，但不完全一樣。

【語　譯】甚麼叫稅額一代一代累積，卻不能還原的禍害呢？夏、商、周三代的貢法、助法、徹法，僅僅只徵收土地稅罷了。魏晉時候，有稱為戶調的稅，有田地的人，交納租賦，立有戶口的，交納布帛，在土地稅之外又加了戶稅。唐朝初年，制定租、庸、調的賦役制度，按田地徵收的稱為租，按戶口徵收的稱為調，按人身徵收的稱為庸；租交納穀米，庸交納絹，調交納布匹；戶稅之外，又增加了人丁稅。楊炎改為兩稅法，人不論是「丁」還是「中」，一律根據個人資產、田畝的多少，來定納稅的等級，雖然租、庸、調的名稱完全看不到了，其實將庸、調合併在租裏面了。這種稅法沿襲到宋朝，並沒有從租裏面減去庸、調，卻又徵收人丁稅。後世習慣了，認為兩稅是田地的租賦，人丁稅屬於庸、調；哪裏知道，這是重複徵收的賦稅啊！假若楊炎不去掉庸、調的名稱，怎麼會到這一步呢！所以楊炎的兩稅法，對於一個時期略微有些好處，而對後世造成的禍害，卻是很大很大。明朝兩稅、丁口役之外，有親身充役的力差，有繳銀代役的銀差，十年輪流承擔一次。嘉靖末年，推行一條鞭法，將整個府、州、縣十年間的夏稅、秋糧、存留、起運的稅額，均徭、里甲、土貢、顧募、加銀各種規定的負擔，總起來一併徵收。使原來一年的負擔，分成十年來承擔，等輪到該承擔差役的那一年，便和其他年份完全一樣，這樣，銀差、力差又合併到兩稅裏面去了。不久，民戶要輪流承擔差役，輪到那一年，即有許許多多的雜役。後來又習慣了，認為一條鞭是兩稅，雜役是按年輪流承擔的差役，哪裏知道這是重複承擔的差役呢！假若銀差、力差的名稱不去掉，怎麼會到這一步呢！所以一條鞭法，對於一個時期略微有些好處，而對後世造成的禍害，卻是很大很大。萬曆年間，舊餉的徵收，達到五百萬兩白銀，萬曆末年增收新餉九百萬兩，崇禎年間，又增收練餉七百三十萬兩。倪元璐擔任戶部尚書時，將三餉合而為一，這樣，新餉、練餉又合併到兩稅裏面去了。到今天，人們以為兩稅法本來就是那樣，哪裏知道亡國的原因，正在這上面呢？假若練餉、新餉的名號不改掉，人們或許顧名思義，曉得練餉、新餉是兩稅以外的賦稅，也是可能的；這又是倪元璐不學無術的過錯所造成的。唉呀！稅額一代一代累積到這一步，老百姓得能活下來的也就不多了。如今要確定稅制，必須恢復到胡亂加稅之前的水準，根據那個時代的標準，確定稅制。國家分配給百姓的土地，按十分之一的稅率徵收田賦；不是國家分配的土地，按二十分之一的稅率徵收田賦；另外再按戶口徵收出兵養兵的賦稅。這樣，國家的費用自然充足了，又何須對百姓橫徵暴斂呢！

何謂所稅非所出之害？古者任土作貢❶，雖諸侯而不忍強之以其地之所無，況於小民乎！故賦穀米，田之所自出也；賦布帛，丁之所自為也。其有納錢者，後世隨民所便；布一匹，直❷錢一千，輸官聽為九百；布直六百，輸官聽為五百；比之民間，反從降落。是錢之在賦，但與布帛通融而已。其田土之賦穀米，漢、唐以前未之有改也。及楊炎以戶口之賦併歸田土，於是布帛之折錢者與穀米相亂，亦遂不知錢之非田賦矣。宋隆興二年，詔溫、台、處、徽❸不通水路，其二稅物帛，許依折法以銀折輸❹。蓋當時銀價低下，其許以折物帛者，亦隨民所便也。然按熙寧❺稅額，兩稅之賦銀者，六萬一百三十七兩而已，而又穀賤之時常平就糴❻，故雖賦銀，亦不至於甚困。有明自漕糧❼而外，盡數折銀；不特折錢之布帛為銀，而歷代相仍不折之穀米，亦無不為銀矣；不特穀米不聽上納，即欲以錢准銀，亦有所不能矣。夫以錢為賦，陸贄❽尚曰「所供非所業，所業非所供」，以為不可，而況以銀為賦乎！天下之銀既竭，凶年田之所出，不足以上供；豐年田之所出，足以上供，折而為銀，則仍不足以上供也；無乃使民歲歲皆凶年乎！天與民以豐年而上復奪之，是有天下者之以斯民為讎也。然則聖王者而有天下，其必任土所宜，出百穀者賦百穀，出桑麻者賦布帛，以至雜物皆賦其所出，斯民庶❾不至困瘁❿爾。

【章　旨】此章分析將賦稅折為銀兩徵收的辦法，給百姓帶來的禍害。作者把這種徵稅辦法，稱之為「所稅非所出」。

【注　釋】❶任土作貢　依照土地的出產制定貢賦。《尚書·禹貢》：「禹別九州，隨山濬川，任土作貢。」❷直　同「值」。❸溫台處徽　溫州、台州、處州和徽州。前三州在今浙江，徽州在今安徽。❹許依折法以銀折輸　《宋史·食貨志》：「(隆興二年)五月，詔溫、台、處、徽不通水路，其二稅物帛，許依折法以銀折輸。」❺熙寧　宋神宗(趙頊)的年號，西元一〇六八—一〇七七年。❻常平折，折合；抵換。如以銀、錢抵穀米。就糴　國家在穀賤時用平價收購糧食，以備荒年出售。是穩定物價、保護農民利益的措施。常平，即平常的意思。《宋史·食貨志》：「常平、義倉，漢隋利民之良法。常平以平穀價，義倉以備凶災。」❼漕糧　古代國家規定由水路運往京師供官府和軍隊食用的糧食。❽陸贄　唐朝蘇州嘉興人。德宗時，任翰林學士，晉升中書侍郎、同平章事(宰相)。貞元年間，陸贄批評兩稅法「以錢納稅」是「所供非所業，所業非所供」。見《新唐書·食貨志》。❾庶　也許；或者可以。表示希望或推測之詞。❿瘁　疲困；勞累。

【語　譯】甚麼叫徵收的稅不是百姓生產品的禍害？古代依照土地的出產制定貢賦，即使對諸侯，也不忍勉強他們交納其土地不出產的東西，何況是對普通老百姓呢！所以徵收穀米，是土地的出產；徵收布匹綢緞，是民戶自己織造的。後來有交納錢幣的，也是聽任百姓自便；一匹布值一千文錢，向官府納稅時，讓百姓用九百文錢抵一匹布；一匹布值六百文錢，百姓向官府納稅時，用五百文抵一匹布；同民間的布價相比，折錢反而還要低一些。這樣，用錢交納賦稅，只不過是同布匹綢緞相調劑而給人方便罷了。土地稅徵收穀米的辦法，在漢、唐以前，沒有改變過。到楊炎推行兩稅法時，把按戶口徵收的布帛，合併到土地稅之中，並折換成錢幣交納；於是，布帛折換的錢，與土地稅折換的錢混在一起，人們也就不知道布帛折換的錢不是田賦了。宋朝隆興二年，朝廷考慮溫州、台州、處州、徽州不通水路，允許他們兩稅應交的穀物布帛可以依照折換法折成銀兩交納。當時銀價低下，允許用銀子折換穀物布帛，也是聽任百姓自便。而且按照熙寧時的稅額計算，兩稅折合成白銀只有六萬零一百三十七兩罷了，國家又在穀賤時，用平價收購糧食，所以雖然用銀子交納賦稅，百姓也不至於很困難。明朝除漕糧以外，所有的賦稅，都折合成白銀交納；不僅前代可以折錢交納的布帛要換成銀子，而且歷代相沿不能折錢交納的穀米，也無不要換成銀子交納；不僅是不讓百姓交納穀米，就是想用錢幣抵換銀子來交稅，也不可能了。用錢交納賦稅，陸贄尚且說「交納的不是自己生產的，生產的不能交納」，認為不恰當，何況用白銀交納賦稅呢！天下的白銀已經搜括完了，災荒年，田地的出產不夠交納賦稅；豐收年，田地的出產夠交納賦稅，要折換成銀子，便仍然不夠交納賦稅；這豈不是叫百姓年年都過災荒年嗎！老天爺將豐收年賜給百姓，而朝廷又把百姓的收入剝奪去，這表明統治天下的人，是把百姓當成了仇敵。然而，要是聖明的君主領導天下，他們必然依據土地的出產，制定適宜的徵稅辦法，出產百穀的交納百穀，出產桑麻的交納布匹綢緞，以及各種雜物，都交納本地的出產，如此，老百姓將不會受困苦了。

何謂田土無等第之害？《周禮・大司徒》：「不易之地家百畝，一易之地家二百畝，再易之地家三百畝。」❶是九則定賦❷之外，先王又細為之等第也。今民間田土之價，懸殊不啻二十倍，而有司之徵收，畫以一則，至使不毛之地，歲抱空租，亦有歲歲耕種，而所出之息不償牛種。小民但知其為瘠土，向若如古法，休一歲、二歲，未始非沃土矣。官府之催科不暇，雖欲易之，惡得❸而易之，何怪夫土力之日竭乎！吾見有百畝之田，而不足當數十畝之用者，是不易之為害也。今丈量天下田土，其上者依方田之法❹，二百四十步為一畝❺，中者以四百八十步為一畝，下者以七百二十步為一畝，再酌之於三百六十步、六百步為畝，分之五等。魚鱗冊字號❻，一號以一畝準之，不得贅以奇零；如數畝而同一區者，不妨數號，一畝而分數區者，不妨一號。使田土之等第，不在稅額之重輕，而在丈量之廣狹，則不齊者從而齊矣。是故田之中、下者，得更番❼而作，以收上田之利；如其力有餘也而悉耕之，彼二畝、三畝之入，與上田一畝較量多寡，亦無不可也。

【章　旨】此章分析田地不分等級、按統一稅率徵稅的禍害，並提出劃分田地等級的具體建議。

【注　釋】❶不易之地三句　這是講土地耕種的輪休問題。不易之地，是年年耕種、不輪休的上等土地。一易之地，是種一年歇一年的土地。再易之地，是種一年歇二年的土地。鄭眾云：「不易之地，歲種之，地美，故家百畝；一易之地，休一歲，乃復種，地薄，故家二百畝；再易之地，休二歲，乃復種，故家三百畝。」（見《周禮注疏》引）❷九則定賦　按照土地的九個等級制定賦稅。《漢書・敘傳》：「高下九則。」注引劉德曰：「九則，九州土田上中下九等也。」參看〈田制一〉注。❸惡得　哪裏能夠。惡，表示疑問之詞。❹方田之法　古代九章算術之一，即由邊線長短，計算土地面積的方法。❺二百四十步為一畝　即一步寬、二百四十步長為一畝。一步五尺。以下「三百六十步」、「四百八十步」等等俱為一步寬。❻魚鱗冊字號　明太祖洪武二十年（西元一三八七年），命國學生分行天下州縣，編制圖冊，以田地為主，按字號順序，詳列其面積、地形、四至、土質以及業主姓名，作為徵稅的依據。因圖上所繪田畝，挨次排列如魚鱗，故名魚鱗圖冊。這是一種地產簿冊，後雖有所變遷和破壞，但沿用到清朝。❼更番　輪流。這裏指在土地上進行輪耕。

【語　譯】甚麼叫田地不分等級的禍害呢？《周禮・大司徒》裏面說：「年年可以耕種、不需要輪休的土地，一家分一百畝；種一年歇一年的土地，一家分二百畝；種一年歇兩年的土地，一家分三百畝。」這表明先王們在按土地的九個等級制定賦稅以外，又進一步細緻地劃分土地的等級。如今民間田地的價格，貴賤相差之大，不止二十倍，而政府徵收賦稅，劃定為一個等級，以至於使得不毛之地，每年空有賦稅，也有年年耕種，而收穫還抵不了耕牛和種子的費用。百姓只曉得那是些瘠薄的土地，假若像古代的辦法一樣，讓土地輪休一年、兩年，未必不是肥沃的土地。官府無休止地催逼賦稅，即使心裏想到要讓土地輪休，又怎麼有可能輪休呢？這就難怪地力的日益枯竭了！我看到一百畝田地卻抵不上幾十畝田地的出產，這就是不讓土地輪休的惡果。如今丈量全國的土地，依照計算土地面積的方田之法，上等田二百四十步為一畝，中等田按四百八十步為一畝，下等田按七百二十步為一畝，再酌量以三百六十步為一畝和六百步為一畝，這樣將田地分為五等。魚鱗圖冊上的字號，一號以一畝為準，不得帶上多餘的零頭；如果同一區中幾畝地，不妨編成幾個號；一畝地分在幾個區的，不妨編成一個號。使田地的等級，不反映在稅額的輕重上，而反映在面積的大小上，那麼不整齊劃一的，便由此整齊劃一了。因此，中、下等的田地，可以輪休輪種，而得到上等田地的收成；如果百姓有餘力要全都耕種，不讓土地輪休，那他二畝、三畝田的收穫，同上等田一畝的收穫相比較，數量也差不多。

兵制一

【題解】兵制，國家的軍事制度。本篇論述明朝兵制的弊病，並提出新的徵兵、養兵制度的設想。

有明之兵制，蓋亦三變矣：衛所❶之兵變而為召募❷，至崇禎、弘光間，又變而為大將之屯兵❸。衛所之弊也，官軍三百十三萬八千三百皆仰食於民，除西北邊兵三十萬外，其所以禦寇定亂者，不得不別設兵以養之❹。兵分於農，然且不可，乃又使軍分於兵，是以一天下之民，養兩天下之兵也。召募之弊也，如東事之起❺，安家、行糧、馬匹、甲杖，費數百萬金，得兵十餘萬而不當三萬之選，天下已騷動矣。大將屯兵之弊也，擁眾自衛，與敵為市❻；搶殺不可問，宣召不能行，率我所養之兵反而攻我者，即其人也。有明之所以亡，其不在斯三者乎！

【章　旨】總述明代兵制的變遷及其弊病。

【注　釋】❶衛所　明初在京師和各地設衛所，數府劃為一個防區設衛，下設千戶所和百戶所。大抵五千六百人稱衛，一千一百二十人稱千戶所，一百一十二人稱百戶所。軍士有軍籍，世襲為軍，以大部分屯田，小部分駐防。軍餉的大部分，由屯田收入支給。其軍官，衛稱指揮使，所稱千戶、百戶；各衛所，分屬於各省的都指揮使司，統由中央的五軍都督府分別管轄。❷召募　募集新兵。明朝中葉以後，衛所軍士喪失戰鬥力，且多逃亡，遂改用募兵代替。❸大將之屯兵　崇禎、弘光年間，一些將領擁兵自重，如吳三桂、左良玉、高傑等人。❹別設兵以養之　明朝為了應付「禦寇定亂」的需要，於衛所之外，府縣有民壯（又稱民兵），邊府有土兵，還有臨時性的召募。❺東事之起　指努爾哈赤建立的後金（滿族政權）開始與明朝發生衝突。❻與敵為市　同敵人進行貿易。

【語　譯】明朝的軍事制度，已經變化了三次：衛所的世襲兵，變成為召募的兵，到崇禎、弘光年間，又變成為大將的屯集兵。衛所的弊病，三百一十三萬八千三百名官軍，都依賴於老百姓養活；除了西北邊兵三十萬人以外，其他用來抵禦敵寇、平定禍亂的，不得不另外組織軍隊，並養活他們。軍隊從農民中分出來，這已經很不恰當了，居然又在軍隊之外，另外組織軍隊，這可說是用一個天下的百姓，養活兩個天下的軍隊。召募的弊病，也是很明顯的，比如東北戰事興起以後，為了召募兵士，安家、運糧，準備馬匹、盔甲、器械，花費了幾百萬兩銀子，結果募得的十餘萬士兵，抵不上三萬人的作戰部隊，而天下已經騷動了。大將屯集兵馬的弊病是：他們聚集大批人馬維護自己，暗中與敵人通商；搶奪民財、殺害百姓，朝廷不能過問；朝廷的詔令，在他們中間不能執行；帶領朝廷養的軍隊，反而來進攻朝廷的，就是這些人。明朝亡國的原因，不就是在這三大弊病嗎！

議者曰：衛所之為召募，此不得已而行之者也；召募之為大將屯兵，此勢之所趨，而非制也。原夫衛所，其制非不善也；一鎮之兵，足守一鎮之地，一軍之田足贍❶一軍之用，衛所、屯田，蓋相表裏者也。其後軍伍銷耗，耕者無人，則屯糧不足；增以客兵，坐食者眾，則屯糧不足；於是益之以民糧，又益之以鹽糧❷，又益之以京運❸，而衛所之制始破壞矣。都燕而後，歲漕四百萬石❹，十有二總❺領衛一百四十旗❻，軍十二萬六千八百人，輪年值運，有月糧，有行糧，一人兼二人之食，是歲有二十五萬三千六百不耕而食之軍矣。此又衛所之制破壞於輸輓❼者也。中都❽、大寧❾、山東、河南附近衛所，輪班上操❿，春班以三月至八月還，秋班以九月至二月還，有月糧，有行糧，一人兼二人之食，是歲有二十餘萬不耕而食之軍矣。此又衛所之制，破壞於班操者也。一邊⓫有事，則調各邊之軍，應調者食此邊之新餉，其家口又支⓬各邊之舊餉；舊兵不歸，各邊不得不補，補一名又添一名之新餉；是一兵而有三餉也。衛所之制，至是破壞而不可支矣。凡此皆末流之弊，其初制豈若是哉！

【章　旨】此章介紹一種觀點，認為衛所制度本身很好，其弊病，是由於這個制度遭到破壞以後所產生的。

【注　釋】❶贍　供給。❷鹽糧　由鹽商運送米糧到邊地充作軍餉，然後國家發給鹽商運銷食鹽的專利憑證（鹽引）。❸京運　由京城運送糧食到邊地衛所充作軍餉。❹歲漕四百萬石　每年漕運糧食四百萬石。《明史・食貨志》：「初，運糧京師未有定額；成化八年，始定四百萬石，自後以為常。」❺十有二總　明代運送漕糧的官軍，分為十二總。《明史・食貨志》：「景泰二年，始設漕運總督於淮安，與總兵、參將同理漕事。漕司領十二總十二萬軍。」❻旗　明朝軍隊的編制單位。明朝軍隊衛之下有千戶所、百戶所，每百戶所設總旗二、小旗十。❼輸輓　運輸。輓，拉車。這裏指漕運。❽中都　即鳳陽府。❾大寧　在今內蒙古寧城西。❿輪班上操　輪流進京城操練，並參與保衛及營繕諸役。⓫邊　邊鎮。明朝在北方邊陲要地，設九個軍事重鎮，即遼東、宣府、大同、延綏、寧夏、甘肅、薊州、太原、固原，合稱「九邊」。⓬支　領取。

【語　譯】議論的人說：所以由衛所制度轉變為募兵制，這是在不得已的情況下採取的；由召募變成為大將屯集兵馬，這是形勢發展變化的結果，並不是一種制度。最初成立衛所的時候，這個制度並不是不好；一個邊鎮的軍隊，足以防守一個邊鎮管轄的地方，一個部隊的田地，足以贍養一個部隊的將士；衛所和屯田，一表一裏，緊密結合。以後兵士逃亡，沒有人耕種田地，屯田所生產的糧米便不夠吃了；衛所裏增加了外來的士兵，白吃飯的人多了，屯田生產的糧米便不夠吃了；於是用百姓交的錢糧來補充，又用鹽糧來補充，又從京城調運糧食來補充，這樣，衛所制度，便開始遭到破壞了。建都北京以後，每年漕運糧四百萬石，十二總率領各衛一百四十旗，十二萬六千八百名軍士，一年一年地輪流擔任運糧任務。這些士兵，每月有固定的口糧，執行任務時，又發給口糧，一個人兼領兩個人的口糧，如此，每年就有二十五萬三千六百不耕而食的軍人了。這樣，衛所制度，又因運送漕糧，而遭到了破壞。中都、大寧、山東、河南附近衛所的士兵，要輪班上京城去操練，春班從三月開始，到八月份回來，秋班從九月開始，到第二年二月份回來；操練的士兵，每月有固定的口糧，操練時又發給口糧，一個人兼領兩個人的口糧，如此，每年有二十多萬不耕而食的軍人了。這樣，衛所制度，又因輪班上京城操練而遭到了破壞。一處邊鎮有軍情，便調遣各處邊鎮的軍隊來支援，被調遣來的人，吃這個邊鎮的新餉，他們的家屬又在原地支取各邊鎮的舊餉；而且外出支援的舊兵不回原地，各邊鎮不得不補充新兵，增補一名新兵，又要增添一個人的新餉；這樣，有一個在籍的軍人，就要支付三份軍餉。衛所制度到了這一步，便被破壞得不能維持了。所有的這種種弊病，都是衛所制度遭到破壞以後所產生的，它最初成立的時候，哪裏是這樣呢！

為說者曰：末流之弊，亦由其制之不善所致也；制之不善，則軍民之太分❶也。凡人膂力❷不過三十年，以七十為率，則四十年居其老弱也。軍既不得復還為民，則一軍之在伍，其為老弱者亦復四十年，如是而焉得不銷耗乎！鄉井之思，誰則無有；今以謫發❸充之，遠者萬里，近者千餘里，違其土性，死傷逃竄十常八九，如是而焉得不銷耗乎！且都燕二百餘年，天下之財，莫不盡取以歸京師，使東南之民力竭者，非軍也耶！

【章　旨】此章說明衛所制度的弊病，是由其本身所導致的。

【注　釋】❶軍民之太分　明朝的衛所制度，軍士有軍籍，百姓有民籍，世代相承，互不相混。❷膂力　體力。膂，背脊骨。❸謫發　因罪發配充軍。明朝衛所的軍士有三個來源：一從征，二歸附，三謫發。

【語　譯】提出另一種見解的人說：衛所制度遭到破壞以後出現的弊病，是由制度本身不好所導致的。這個制度的缺點，在於軍隊和民眾的完全分離。人的體力只有三十年強壯時間，以七十歲為標準的話，就有四十年處於老弱階段。軍人既然不能回頭當老百姓，那麼一個軍人在隊伍中，也就有四十年處於老弱階段，這樣，有作戰和屯種能力的軍人，怎麼能不減少呢！思念家鄉的感情，哪個人沒有；如今將有罪的人發配充軍，遠的離家鄉上萬里，近的一千多里，違背他們在本鄉本土的生活習性，以致死傷和逃跑的，常常占有十分之八、九，這樣，軍人怎麼能不減少呢！再說，定都燕京兩百多年來，天下的財貨都送往京城，使東南的老百姓精疲力盡的，不是軍隊還有誰呢！

或曰：畿甸❶之民大半為軍，今計口而給之，故天下有荒歲而畿甸不困，此明知其無益而不可已者也。曰：若是則非養兵也，乃養民也。天下之民，不耕而待養於上，則天下之耕者當何人哉？東南之民奚❷罪焉！夫以養軍之故至不得不養及於民，猶可謂其制之善與！

【章　旨】此章說明在衛所制度下，京城地區的人民，大半要靠其他種田的人養活，特別要靠東南地區的人民養活，這也顯示出衛所制的弊病。

【注　釋】❶畿甸　京城地區。❷奚　何；甚麼。

【語　譯】有人說：京都地區的人民大半是軍籍，如今按人供給口糧，所以天下年成不好，而京都地區的人民並不貧困，這種狀況，明明曉得是不好的，但卻不能結束這種局面。又有人說：像這樣就不是養軍士，而是養百姓了。天下的百姓，竟有不種地而等待朝廷養活的，那天下種地的應當是甚麼人呢？東南的百姓，賦稅如此之重，他們有甚麼罪呢！因為養軍士的緣故，以至於不得不養活一些百姓，還能說這種制度很好嗎！

余以謂天下之兵，當取之於口❶，而天下為兵之養，當取之於戶❷。其取之口也，教練之時五十而出二，調發❸之時五十而出一。其取之戶也，調發之兵十戶而養一，教練之兵則無資❹於養。如以萬曆六年戶口數目言之，人口六千六十九萬二千八百五十六，則得兵一百二十一萬三千八百五十七人矣；人戶一千六十二萬一千四百三十六，則可養兵一百六萬二千一百四十三人矣。夫五十口而出一人，則其役不為重；一十戶而養一人，則其費不為難；而天下之兵滿一百二十餘萬，亦不為少矣。王畿之內，以二十萬人更番入衛，然亦不過千里；假如都金陵，其入衛者但盡金陵所屬之郡邑，而他省不與焉。金陵人口一千五十萬二千六百五十一，則得勝兵二十一萬五百；以十萬各守郡邑，以十萬入衛；次年則以守郡邑者入衛，以入衛者歸守郡邑；又次年則調發其同事教練之兵，其已經調發者則任糧歸家，但聽教練而已。夫五十口而出一人，而又四年方一行役，以一人計之，二十歲而入伍，五十歲而出伍，始終三十年，止歷七踐更❺耳，而又不出千里之遠；則為兵者其任亦不為過勞。國家無養兵之費則國富，隊伍無老弱之卒則兵強。人主欲富國強兵而兵民太分，唐、宋以來，但有彼善於此之制，其受兵之害，未嘗不與有明同也。

【章　旨】此章闡述梨洲自己有關兵制的主張：按人口的一定比例抽兵，分民戶養兵。

【注　釋】❶取之於口　按照人口的一定比例徵兵。❷取之於戶　養兵的費用，按民戶徵收。❸調發　調遣徵發。此指徵調入伍，執行軍事任務。❹資　憑藉。❺踐更　輪流更替的兵役。《史記・吳王濞列傳》裴駰《集解》引《漢書音義》云：「以當為更卒，出錢三百文謂之過更，自行為卒謂之踐更。」

【語　譯】我認為天下的兵卒，應當按照人口的一定比例來徵集，而國家養兵的費用，則應當分民戶去徵收。按人口徵兵的辦法是：教練的時候，五十個人出兩個兵，徵調執行任務時，五十個人出一個兵。分民戶徵收養兵費用的辦法是：在部隊上執行任務的兵，十戶人家養一個；教練中的兵，便不依靠百姓養活。如果按照萬曆六年全國的戶口數目來說，人口六千零六十九萬二千八百五十六人，便可以徵集到兵士一百二十一萬三千八百五十七人；民戶一千零六十二萬一千四百三十六家，便可養活一百零六萬二千一百四十三名兵士。五十個人中出一個當兵的，這樣的兵役負擔不算重；十戶人家養一個兵，那費用不難辦；而這樣做，國家的武裝力量，可以達到一百二十多萬，也不算少了。都城裏，安排二十萬人輪流擔任保衛工作，也只是千里以內的事；假如在金陵建都，那要進京擔任保衛工作的，只包括金陵所直接管轄的府和縣的人，其他省的人不用參加。金陵地區的人口共一千零五十萬二千六百五十一人，便可徵集到優良的兵士二十一萬零五百人，用十萬人在各府縣防守，用十萬人進京擔任保衛工作；第二年便調防守府縣的人，進京擔任保衛工作，讓在京擔任保衛的回去防守府縣；再下一年，便徵調那些一同受教練的兵士，原來徵調執行任務的，便停止口糧供應，讓他們回到家中，只接受教練。五十個人中出一個當兵的，又是四年才上京服役一次，按一個人來算，二十歲入伍，五十歲退伍，前後三十年僅僅服七次役罷了，而且又不遠出千里之外；那服兵役的人，負擔也不算很辛勞。這樣，國家無需養兵的費用，國家便可以富足；軍隊裏沒有老弱的兵士，軍隊就會變得強大。做君主的希望富國強兵，而軍隊和民眾又完全分離，唐宋以來，只有比這好一點的制度，國家遭受軍人的禍害，則和明代沒有甚麼不同。

兵制二

【題解】本篇主旨，在論述國家的武裝力量，應由文臣統率與節制，武人只能聽供調派差遣。

國家當承平之時，武人至大帥者，干謁❶文臣，即其品級懸絕❷，亦必戎服，左握刀，右屬❸弓矢，帕首袴鞾❹，趨入庭拜，其門狀❺自稱走狗，退而與其僕隸齒❻。兵興以後，有言於天子者曰：「今日不重武臣，故武功不立。」於是毅宗皇帝，專任大帥，不使文臣節制。不二三年，武臣擁眾，與賊相望，同事虜掠。李賊入京師❼，三輔❽至於青、齊諸鎮❾，櫛比❿而營；天子封公侯，結其歡心⓫，終莫肯以一矢入援。嗚呼！毅宗重武之效如此！

【章　旨】論明朝由重文臣到重武臣的得失。

【注　釋】❶干謁　求見。❷懸絕　相差很多。❸屬　佩帶。❹帕首袴韡　頭上裹著巾幘，下身著套褲，腳上穿著大靴。是一種軍裝。韓愈〈送鄭尚書序〉：「或道過其府，府帥必戎服，左握刀，右屬弓矢，帕首袴韡，迎于郊。」❺門狀　拜帖。❻齒　並列。❼李賊入京師　指李自成，於明思宗崇禎十七年（西元一六四四年）攻進北京城。❽三輔　陝西長安地區。❾青齊諸鎮　青州、齊州等城鎮，在山東。❿櫛比　像梳子的齒一般緊密排列。櫛，梳篦的總名。⓫天子封公侯二句　明朝功臣的爵位，有公侯伯三等。崇禎末年，封左良玉為寧南伯，唐通為定西伯，黃得功為靖南伯，吳三桂為平西伯。

【語　譯】國家處在太平的時候，軍人就是做了大帥的，求見文官的時候，儘管他們的官品比文官高得多，也一定穿著軍服，左邊握著刀，右邊佩著弓箭，頭上裹著巾幘，下身著套褲、大靴，畢恭畢敬，快步進入廳堂行拜見禮，他們的拜帖上自稱走狗，退下來便和奴僕們站在一起。國家出現戰亂以後，有人上言皇帝說：「由於現在不重視武官，所以沒有人建立軍功。」於是毅宗皇帝，一心一意信任大帥，不派文臣節制軍隊。不到兩、三年的時間，武將們聚集大批兵馬，與賊兵相互觀望，一同搶劫百姓。李自成打進京城的時候，從陝西的長安地區，到山東的青州、齊州諸鎮，明朝政府軍的軍營櫛比鱗次；皇帝為了討得大帥們的歡心，曾經封他們為公為侯，可是最後，卻沒有一個人願意帶著一弓一箭來援助京師。唉！毅宗皇帝重視武臣的結果，竟是這樣！

然則武固不當重與？曰：毅宗輕武而不重武者也。武之所重者將；

湯之伐桀，伊尹為將❶；武之入商，太公為將❷；晉作六軍，其為將者，皆六卿之選也❸。有明雖失其制，總兵皆用武人，然必聽節制於督撫或經略❹。則是督撫、經略，將也；總兵，偏裨❺也。總兵有將之名而無將之實，然且不可，況竟與之以實乎！夫安國家，全社稷，君子❻之事也；供指使，用氣力，小人之事也。國家社稷之事，孰有大於將，使小人而優❼為之，又何貴乎君子耶？今以天下之大，託之於小人，為重武耶，為輕武耶？是故與毅宗從死者，皆文臣也❽。當其時，屬之以一旅，赴賊俱死，尚冀十有一二相全，何至自殊城破之日❾乎！是故建義於郡縣者❿，皆文臣及儒生也。當其時，有所藉手以從事，勝負亦未可知，何至驅市人而戰，受其屠醢⓫乎！彼武人之為大帥者，方且飆浮雲起，昔之不敢一當敵者，乘時易幟，各以利刃而齒腐朽⓬，鮑永⓭所謂以其眾幸富貴矣，而後知承平之時，待以僕隸者之未為非也！

【章　旨】此章說明毅宗將兵權交給一幫見利忘義的武人掌管，名為「重武」，實為「輕武」；真正的重武，應當將國家命運攸關的兵權，託之於深明大義的君子。

【注　釋】❶伊尹為將　《尚書・湯誓》：「伊尹相湯伐桀，升自陑，遂與桀戰于鳴條之野。」說伊尹為商湯討伐夏桀的將帥，當本於此。❷太公為將　太公為統兵的將帥。太公即姜子牙，本姓姜，因其先祖封於呂，又以呂為氏，故稱呂尚，字子牙。子牙年老隱於渭水濱，文王出獵，與他相遇，交談後大悅，並說：「吾太公望子久矣。」於是號為太公望。世稱姜太公。姜子牙輔佐周武王討伐商紂事，見《史記・齊太公世家》。❸晉作六軍三句　春秋時的晉國建立六軍，分別由六卿中選人充當將領。晉國六卿為：范氏、中行氏、智氏、韓氏、趙氏、魏氏六家。❹督撫或經略　總督、巡撫或經略。參見〈方鎮〉注釋。❺偏裨　將帥的輔佐官。❻君子　指有才有德的賢者。與無才德的小人對稱。❼優　充足；綽綽有餘。❽與毅宗從死者二句　明思宗崇禎十七年（西元一六四四年），李自成軍逼近京師時，剛被封為定西伯的總兵官唐通和太監杜之秩，在居庸關迎降，兵部派往城外刺探軍情的人均投降。李自成軍攻城時，崇禎帝素來尊信的太監曹化淳，開彰義門，迎接李自成軍。當時隨崇禎帝殉國的，有范景文、李邦華、王家彥等二十一人，都是文臣。❾自殊城破之日　指崇禎帝在城破之日自縊於煤山。❿建義於郡縣者　指李自成攻城略地中，和清軍入關後，一些地方的抗擊行動。如朱之馮在大同、李夢辰在睢州抗擊李自成。吳日生在吳江發動抗清，閻應元在江陰、黃淳耀在嘉定領導人民抗清，陳子龍、夏允彝在松江起兵抗清，吳其沆、歸莊在崑山起兵抗清。這些人，都是文臣和儒生。⓫屠醢　屠殺。清軍攻下江陰後，下令「滿城殺盡，然後封刀」。嘉定遭到清軍的三次屠城。崑山也遭到清軍屠城。⓬以利刃而齒腐朽　用利刃去砍腐朽的東西，當然很容易。此指一些武人反戈向危機中的明王朝進攻。語本枚乘〈上書重諫吳王〉：「夫舉吳兵以訾於漢，譬猶蠅蚋之附群牛，腐肉之齒利劍，鋒接必無事矣。」李善注：「齒，猶當也。」⓭鮑永　後漢名臣。先在劉玄的更始朝任尚書僕射，行大將軍事，並封中陽侯。光武帝即位時，鮑永解散所統領的兵眾，僅帶百餘人歸附光武，並對光武帝說：「誠慚以其眾幸富貴，故悉罷之。」意思是不願意憑藉眾多的兵馬，來希求富貴。光武帝任命他為諫議大夫，後以功封關內侯；晚年任兗州牧。

【語　譯】既然這樣，那難道就不應該重武嗎？我認為：毅宗實際上是輕武而不重視武。軍事上最重視的是將帥；商湯討伐夏桀，伊尹做統軍的將帥；周武王進攻商朝，姜太公做統軍的將帥；晉國建立六軍，由六卿中選人充當將帥。明朝雖然丟掉了這種委任將帥的制度，總兵官用的都是軍人，但總兵官，一定要受總督、巡撫或經略的節制。這樣就表示總督、巡撫、經略是將帥，總兵不過是輔佐官。像這樣，總兵官僅有將帥的名義，而不是真正的將帥，尚且不恰當，何況竟封他們為實際的將帥呢！保國安民，鞏固江山，是君子的事業；聽從調派，出力氣幹事，是小人們的事情。國家的事，哪有比統領軍隊更重大的，假若小人能勝任這樣的大事，社會又何必要尊崇君子呢？如今把關係國家存亡的大事，託付給小人，是重視武，還是輕視武呢？這是很清楚的。因此，崇禎十七年，隨從毅宗殉國的，都是文臣。那時候，如果能派出一支軍隊，去同賊軍決一死戰，還有希望保全十分之一、二，毅宗何至於在城破的時候自殺呢！因此，在府縣舉起義旗抗敵的，都是文臣和儒生。那時候，文臣和儒生們，如果手中有兵權可憑藉來舉事，勝敗也就難說了，何至於驅使市民百姓去同敵人作戰，慘遭敵人的屠殺呢！而那些武人做大帥的，像暴風和黑雲湧起，往日不敢同敵人打一仗的，紛紛趁著時機，改換旗幟，投靠敵人，個個拿著利刀向危機中的明王朝進攻，這些人就是鮑永說的，是憑藉眾多的兵馬希求富貴的人。我們看到這段歷史之後，便懂得太平年月，把做大帥的武人當奴僕看待，並沒有錯誤啊！

然則彭越❶、黥布❷，非古之良將與？曰：彭越、黥布，非漢王將之者也；布、越無所藉於漢王，而漢王藉之，猶治病者之服烏喙❸、藜蘆❹也。人見彭越、黥布之有功而欲將武人，亦猶見烏喙、藜蘆之愈病而欲以為服食也。彼粗暴之徒，乘世之衰，竊亂天常❺，吾可以權授之，使之出落鈐鍵❻也哉！然則叔孫通❼專言斬將搴旗之士，儒生無所言進，何也？曰：當是時，漢王已將韓信❽，彼通之所進者，以首爭首、以力搏力之兵子耳，豈所謂將哉！然則壯健輕死善擊刺者，非所貴與？曰：壯健輕死善擊刺之在人，猶精緻犀利❾之在器甲也。弓必欲無灂❿，冶必欲援胡⓫之稱，甲必欲上旅下旅⓬札⓭續之堅，人必欲壯健輕死善擊刺，其道一也。器甲之精緻犀利，用之者人也；人之壯健輕死善擊刺者，用之者將也。今以壯健輕死善擊刺之人，而可使之為將，是精緻犀利之器甲，可以不待人而戰也。

【章　旨】此章以解答疑難方式，進一步闡明，武人只能供驅使，不能任主帥的道理。

【注　釋】❶彭越　秦末聚眾起兵，先隨項羽，後歸附劉邦，在楚漢戰爭中，多建奇功，封梁王。漢初因被告謀反，為劉邦所殺。❷黥布　即英布。在秦朝因犯法受黥刑（在臉上刻記號或文字，並塗上墨），故又稱黥布。秦末率驪山刑徒起義，初從項羽，以功封九江王。楚漢戰爭中，歸附劉邦，天下安定後，封淮南王。因見彭越、韓信相繼被劉邦所殺，舉兵造反，事敗被殺。❸烏喙　一種有毒的藥物，即烏頭。中醫用作祛寒濕、止痛。❹藜蘆　一種有毒的藥物。中醫用作涌吐風痰，塗治疥癬。❺天常　天的常道；世間的常規。❻出落鈐鍵　守門。鈐、鍵，鎖鑰。❼叔孫通　著名儒生。秦二世時拜為博士。曾參加項羽起義軍，後歸附劉邦。據《史記・劉敬叔孫通列傳》記載，隨從叔孫通降漢的儒生弟子百餘人，「然通無所言進，專言諸故群盜壯士進之」，以致引起眾弟子在背後罵他。叔孫通得知後，便向眾弟子解釋說：「漢王方蒙矢石爭天下，諸生寧能鬥乎？故先言斬將搴旗之士，諸生且待我，我不忘矣。」劉邦隨後拜叔孫通為博士，號稷嗣君。天下大定，叔孫通率眾弟子制訂朝儀，被任命為太常、太子太傅。眾弟子也俱為郎。❽韓信　漢初名將。初屬項羽，項羽不用。後歸劉邦，被任為大將，助劉邦擊敗項羽，封為楚王，降為淮陰侯，最後為呂后所殺。❾精緻犀利　細密、堅固銳利。❿灂　塗漆。良弓的材料特別好，不用塗漆。《周禮・考工記・弓人》：「大和無灂。」⓫援胡　援是戈戟的直刃。胡是戈戟上曲而下垂的刃。《周禮・考工記・冶氏》：「戈廣二寸，內（接柄處）倍之，胡三之，援四之。」⓬上旅下旅　即上膂、下膂。腰以上謂上旅，腰以下為下旅。⓭札　鎧甲上用金屬或皮革製成的葉片。

【語　譯】這樣講，那彭越、黥布，不是古代的良將嗎？我認為：彭越、黥布，不是漢王的將帥；布、越兩人，不能利用漢王，而是漢王利用他二人，好像治病的人服用烏頭、藜蘆兩味藥一樣。有人看到彭越、黥布立了功，便想要武人充當將帥，也就像看到烏頭、藜蘆治好了病，便想把它們當做食品吃一樣。彭越、黥布那些粗暴的人，趁著一個朝代衰落的機會，陰謀攪亂世間的常規，我們可以授與他們一定的職權，讓他們把守門戶好了！這樣講，那叔孫通歸順漢王後，只向漢王推薦斬將拔旗的武人，沒有說要漢王任用儒生，是甚麼道理呢？我認為：那時候，漢王已經任命韓信為大將，而叔孫通所推薦的，不過是拚命拚力的小兵罷了，哪裏是人們所說的大將呢！既然這樣，那麼健壯、不怕死、善於攻殺的武士，就不值得器重嗎？我認為：健壯、不怕死、善於攻殺的人，猶如堅固銳利的兵器和精緻細密的鎧甲。在戰場上，弓一定要材料好，戈戟的刃要符合標準，鎧甲上下鐵片的聯接要堅固，打仗的人一定要健壯、不怕死、善於攻殺，這些道理是一樣的。堅固銳利的兵器和精緻細密的鎧甲，是由人來使用它們；健壯、不怕死、善於攻殺的人，是由將帥來使用他們。如今認為健壯、不怕死、善於攻殺的人，可以委任為將帥，這就是認為堅固銳利的兵器和精緻細密的鎧甲，可以不要人使用，而自動的去作戰。

兵制三

【題解】本篇進一步闡述作者對軍事指揮權的設想。其基本主張，是將文武職官合為一途，即讓武官「識禮義」、「親上愛民」，文官「知兵書、戰策」，並掌管實際兵權。

唐、宋以來，文武分為兩途❶；然其職官，內而樞密❷，外而閫帥❸，州軍❹，猶文武參用。惟有明截然不相出入；文臣之督撫，雖與軍事而專任節制，與兵士離而不屬❺。是故涖軍者不得計餉，計餉者不得涖軍；節制者不得操兵，操兵者不得節制。方自以犬牙交制，使其勢不可為叛。夫天下有不可叛之人，未嘗有不可叛之法。杜牧❻所謂「聖賢才能，多聞博識之士」，此不可叛之人也。豪豬健狗之徒，不識禮義，喜虜掠，輕去就❼，緩則受吾節制，指顧簿書之間❽，急則擁兵自重，節制之人，自然隨之上下。試觀崇禎時，督撫曾有不為大帥驅使者乎？此時法未嘗不在，未見其不可叛也。

【章旨】批評明朝文武分離的弊病。

【注釋】❶文武分為兩途　文官和武官的職權與晉升，分成兩個系統。❷樞密　樞密院。五代和宋、元設樞密院，主要掌管軍事機務、兵防、邊備、戎馬之事。宋代任樞密院長官的多為文官。❸閫帥　閫外的將帥。武將的轄區稱為閫外。❹州軍　州郡的軍事長官。❺離而不屬　總督、巡撫只是節度、制約軍隊，與軍隊相隔離，不能直接統轄軍隊。屬，隸屬；統轄。❻杜牧　唐代著名詩人。字牧之，曾為江西、宣歙觀察使，淮南節度使幕府，歷任監察御史、湖州刺史，後入為司勛外郎，官至中書舍人。長於近體詩，尤以七絕為著，後人稱為小杜，以別於稱為老杜的杜甫。曾注《孫子兵法》。其〈注孫子序〉云：「主兵者，聖賢才能，多聞博識之士，則必樹立其國也。」（見《樊川文集・卷一〇》）❼輕去就　去或留很隨便，缺乏忠貞不貳的品德。❽指顧簿書之間　指揮只流於紙上作業的表面形式。指顧，手指與眼看。這裏意謂指揮。簿書，官方文書。

【語譯】唐朝、宋朝以來，文官和武官的職權與晉升分成兩個系統；然而從軍事系統的職官來說，朝廷內的樞密院長官，朝廷外的將帥及地方軍事長官，還是文臣與武官混合著任用。只有明朝，將文武兩個系統截然分開，不能相互任用。作為文官的總督、巡撫，雖然參與軍事，但只是節度、制約軍隊，與士兵相隔離，不能直接統轄軍隊。因此，領軍的將領，不能分發糧餉，分發糧餉的，不能直接統領軍隊；節度、制約軍隊的不能領兵，領兵的不能節制軍隊。自己還以為這樣犬牙交錯的相互制約，使軍隊處於不能叛變的情勢之中。要知道，天下有不叛變的人，從沒有使人不能叛變的法令制度。杜牧說的「賢德多才、學識豐富的人」，這是不叛變的人。蠻橫的武夫，不懂得禮義，喜歡擄掠搶劫，缺乏忠貞的信念，去或留，都很隨便，形勢和緩的時候，在表面上接受朝廷命官的節制，一旦形勢危急，便聚集兵馬，發展自己的勢力，節制他們的人，自然隨著他們俯仰。看看崇禎年間，總督、巡撫，曾經有不被大帥驅使的嗎？這時候法令制度不是不存在，卻沒有看到它不能使人叛變。

有明武職之制，內設都督府❶、錦衣衛❷；外設二十一都司❸，四百九十三衛，三百五十九所。平時有左右都督❹、都指揮使❺、指揮使❻，各係以同知、僉事❼及千戶❽、百戶❾、鎮撫❿之級；行伍⓫有總兵、副將⓬、參將⓭、遊擊⓮、千把總⓯之名。宜悉罷平時職級，只存行伍。京營⓰之兵，兵部尚書即為總兵，侍郎⓱即為副將，其屬郎官⓲，即分任參、遊。設或征討，將自中出，侍郎掛印⓳而總兵事，郎官從之者一如京營；或用巡撫為將，巡撫掛印，即以副將屬之參政⓴，參將屬之郡守㉑，其行間㉒戰將勇略冠軍者，即參用於其間。苟如近世之沈希儀㉓、萬表㉔、俞大猷㉕、戚繼光㉖，又未嘗不可使之內而兵部，外而巡撫也。

【章　旨】此章梨洲提出對設立武職的具體建議。

【注　釋】❶都督府　明代設中軍、左軍、右軍、前軍、後軍五都督府，為最高軍事機關。❷錦衣衛　護衛皇宮的親軍，掌管皇帝出入的儀仗及侍衛，兼管巡察、緝捕及刑獄之事。❸都司　都指揮使司的簡稱，為一省掌兵的最高機構。❹左右都督　五都督府，每府設左右都督，為正一品。❺都指揮使　各都司設都指揮使一人，為正二品。❻指揮使　衛設指揮使一人，正三品。❼各係以同知僉事　左右都督下設都督同知、都督僉事，都指揮使下設都指揮同知二人、都指揮僉事四人，指揮使下設指揮同知二人、指揮僉事四人。❽千戶　明代衛所戶制設千戶所，以千戶為長。統兵一千一百二十人，分駐重要府州，上屬於衛，下轄十個百戶所。❾百戶　為百戶所之長官，統兵一百二十人，分為兩總旗，十小旗。❿鎮撫　衛指揮使下有鎮撫司，設鎮撫二人。⓫行伍　戰鬥部隊。⓬副將　即副總兵官。⓭參將　明代於副總兵之下有參將分守各地，無品級，也無定員。清代以參將為正三品武官，統轄單位為營。⓮遊擊　明總兵官轄有遊擊將軍。清代沿襲設置，分置於各省，位在參將之下，為從三品武官。⓯千把總　千總、把總。均為明朝軍隊中低級武職。⓰京營　明朝駐守京師的軍隊，有五軍營、神機營、三千營，號稱三大營。⓱侍郎　明朝中央六部長官之副二。⓲郎官　六部各司郎中、員外郎。⓳掛印　帶將軍印出征。⓴參政　明朝各省布政使下設左右參政。㉑郡守　一郡的長官。此指知府。㉒行間　行伍之中。㉓沈希儀　字唐佐，初任衛指揮使，累官至貴州總兵官。為人坦誠，善撫士卒。《明史》有傳。㉔萬表　寧波人，曾任南京中軍都督府都督同知，又是理學名臣，學者稱鹿園先生。萬氏世為武將，又以儒術著稱。

黃宗羲在萬表之孫萬瑞巖的神道碑中寫道：「今觀萬氏，有事則顯忠節，無事則顯儒術，皆卿相之才。有卿相之才而為武，亦猶威寧、新建有將帥之才而為文也；以武夫而謂之武，無乃以場屋嵬瑣之士而謂之文乎！」㉕俞大猷　抗倭名將。字志輔，晉江人，歷任參將、總兵等官。㉖戚繼光　抗倭名將。字元敬，山東蓬萊人。在浙江、福建任參將、總兵官時，編練抗倭新軍，解除東南倭患。後調至北方，鎮守薊州，加強戰備，在鎮十六年。著有《紀效新書》、《練兵實紀》等書，對練兵、治械、陣圖等都有創見。

【語譯】明朝武職的制度，朝廷設都督府、錦衣衛，地方上設置二十一個都司，四百九十三個衛，三百五十九個所。平時的武官，有左右都督、都指揮使、指揮使，其下屬官員各有同知、僉事以及千戶、百戶、鎮撫等職事；戰鬥部隊，設有總兵官、副總兵官、參將、遊擊、千總、把總之類。我認為，應當將平時各級武職統統廢除，只設戰鬥部隊中的武職。駐守京師的兵營，就由兵部尚書擔任總兵官，兵部侍郎擔任副總兵官，其下屬的郎中、員外郎，分別擔任參將、遊擊。假若要出征討伐，朝廷委派統兵將領，便由兵部侍郎掛印任總兵官，郎中、員外郎隨從征討的，就和在京營一樣任職；或者委派巡撫做統兵將領，巡撫掛印任總兵官，就用省政府的參政擔任副總兵，由知府擔任參將，部隊戰將中智勇超群的，就在部隊各個崗位上酌情任用。如果是像近世的沈希儀、萬表、俞大猷、戚繼光那樣的人才，又可以讓他們在兵部任長官，或者到地方上任巡撫。

自儒生久不為將，其視用兵也，一以為尚力❶之事，當屬之豪健之流；一以為陰謀❷之事，當屬之傾危之士❸。夫稱戈比干立矛❹者，士卒之事，而非將帥之事也；即一人以力聞，十人而勝之矣。兵興以來，田野市井之間，膂力稍過人者，當事即以奇士待之，究竟不當一卒之用。萬曆以來之將，掩敗飾功，所以欺其君父者，何所不至，亦可謂之傾危矣；乃止能施之君父，不能施之寇敵。然則今日之所以取敗亡者，非不足力與陰謀可知矣。使文武合為一途，為儒生者，知兵書戰策非我分外，習之而知其無過高之論；為武夫者，知親上愛民為用武之本，不以麤❺暴為能；是則皆不可叛之人也。

【章　旨】此章大旨，是倡導儒生「知兵書戰策」，武官「知親上愛民」，以使軍事指揮權，掌握在「識禮義」者手中。

【注　釋】❶尚力　著重武力。❷陰謀　祕密計謀。《史記・齊太公世家》：「周西伯昌之脫羑里歸，與呂尚陰謀修德以傾商政，其事多兵權與奇計。」❸傾危之士　詭詐權變，力足以傾城危國的人。《史記・張儀列傳》評論蘇秦、張儀說：「此兩人真傾危之士哉！」❹稱戈比干立矛　稱是舉的意思。比是並列的意思。戈、干、矛都是兵器。《尚書・牧誓》：「稱爾戈，比爾干，立爾矛，予其誓。」❺麤　通「粗」。

【語　譯】自從儒生長期以來不擔任將領，他們對出兵打仗的看法，一是看作拚力氣的事，應該派強壯雄健的漢子去幹；一是看作玩弄陰謀詭計的事，應該派狡詐的人去幹。唉！舞刀弄槍，這是兵卒的事情，不是將帥的事情；如果某一個人，以大力士出名，有十個人就可以勝過他了。戰亂發生以來，民間有體力稍微超過一般人的壯漢，政府便當作奇人去看待，結果卻是不能當一個戰士使用。萬曆以來的武將，隱瞞自己的敗績，誇耀自己的功勞，弄虛作假，欺騙君父，手段無所不用，也可以說是機變狡詐了；遺憾的是，他們的手段，只能用於對付君父，卻不能用於對付寇敵。這樣看來，如今之所以戰敗亡國，並不是由於人的體力和計謀不夠，是很清楚的。假若將文武職官，合為一個系統，當儒生的，把學習兵法看作是自己分內之事，學習之後，便曉得兵法並不是高深莫測的理論；做武官的，懂得親近君上、愛惜百姓，是軍事行動的根本，不把粗暴有力，看成是出眾的才幹。這樣，就都是不會背叛的人了。

財計一

【題解】財計，謂錢幣貨物的籌劃計算，即國家的財政政策。本篇大旨是主張在賦稅和商品交易中，廢除金銀，即反對把金銀當貨幣使用。

後之聖王❶而欲天下安富，其必廢金銀乎！

【章旨】首先提出廢除金銀的主張，作為全篇的中心論點。

【注釋】❶後之聖王　日後聖明的君主。也就是作者在本書〈題辭〉中所期待的「明主」，在〈建都〉、〈田制一〉中提出的「有王者起」的「王者」。

【語譯】日後聖明的君主，要想天下安樂富足，一定會在賦稅和商品交易中，廢除使用金銀的制度！

古之徵貴徵賤❶，以粟帛為俯仰❷。故公上❸賦稅，有粟米之征、布縷之征是也❹；民間市易，《詩》言「握粟出卜」❺，《孟子》言「通工易事，男粟女布」❻是也。其時之金銀，與珠玉無異，為饋問❼器飾❽之用而已。三代以下，用者粟帛而衡之以錢❾，故錢與粟帛相為輕重。漢章帝❿時，穀帛價貴，張林⓫言：「此錢多故也，宜令天下悉以布帛為租，市賈皆用之，封錢勿出，物皆賤矣。」魏明帝⓬時，廢錢用穀。桓玄⓭輔晉，亦欲廢錢。孔琳之⓮曰：「先王制無用之貨以通有用之財，此錢之所以嗣功龜貝⓯也。穀帛本充衣食，分以為貨，勞毀於商販之手，耗棄於割截之用，此之為弊，著自曩昔。」然則昔之有天下者，雖錢與穀帛雜用，猶不欲使其重在錢也。梁初唯京師及三吳、荊、郢、江、湘、梁、益用錢，其餘州郡，雜以穀帛，交、廣之域，全以金銀為貨。陳用錢兼以錫鐵粟帛，嶺南多以鹽米布，交易不用錢。北齊冀州之北，錢皆不行，交貿者皆絹布。後周河西諸郡，或用西域金銀錢，而官不禁。唐時民間用布帛處多，用錢處少。大曆以前，嶺南用錢之外，雜以金銀、丹砂、象齒。貞元二十年，命市井交易，以綾羅絹布雜貨與錢兼用。憲宗詔，天下有銀之山必有銅，唯銀無益於人，五嶺以北，採銀一兩者流他州，官吏論罪。元和六年，貿易錢十緡⑯以上參布帛。太和三年，飾佛像許以金銀，唯不得用銅。四年，交易百緡以上者，粟帛居半。按唐以前，自交、廣外，上而賦稅，下而市易，一切無事於金銀，其可考彰彰若是。

【章　旨】此章論述唐代以前的賦稅和商品交易，除個別邊遠地區外，都不使用金銀。

【注　釋】❶徵貴徵賤　追逐於貨物的貴與賤。這是形容貨物的交易與流通。《史記・貨殖列傳》：「故物賤之徵貴，貴之徵賤，各勸其業，樂其事，若水之趨下，日夜無休時。」司馬貞《索隱》：「徵者，求也。謂此處物賤，求彼貴賣之。」❷以粟帛為俯仰　在粟（糧食）帛（絲織物）中周旋。俯仰，周旋。❸公上　朝廷；官府。❹粟米之征句　《孟子・盡心》：「有布縷之征，粟米之征，力役之征。」縷，絲線。征，稅收。布縷之征，即徵收布帛的稅。❺握粟出卜　見《詩經・小雅・小宛》。意思是握著一把米出去占卜。❻通工易事二句　互通勞動成果，交換糧食與布帛。這兩句是根據《孟子・滕文公下》一段文字改寫的。其文云：「子不通功易事，以羨補不足，則農有餘粟，女有餘布。」意思是如果不互通有無，那麼種田的農人，就會有剩餘的糧食，織布的婦女，就會有剩餘的布帛；各有剩餘，便各有不足。功，同「工」。❼餽問　贈送。❽器飾　器物的裝飾。❾衡之以錢　用錢來衡量其價值。錢是古代以銅或鐵鑄成的貨幣。❿漢章帝　東漢時皇帝劉炟，在位時間當西元七六—八八年。⓫張林　章帝時尚書。⓬魏明帝　三國時魏國皇帝曹叡，在位時間當西元二二七—二三九年。⓭桓玄　東晉安帝時人，在元興年間掌握朝政，自稱相國、楚王。後篡位被殺。⓮孔琳之　字彥琳，桓玄輔政時任西閣祭酒。此處所引議論，見《宋書・卷五十六》。⓯龜貝　龜版和貝殼。古代用作貨幣，猶如後世的銅錢。⓰緡　成串的錢。一緡一千文。

【語　譯】古代人們追逐於貨物的貴賤之中，總是在糧食和布帛裏周旋。因此，國家的賦稅，不外徵收糧食和布帛；民間的交易，也是用糧食和布帛進行，如《詩經》中說的「拿米出去占卜」，《孟子》書中說的「種田的男子和織布的婦女，交換糧食和布帛」。那個時候的金銀，與珍珠、玉器沒有甚麼不同，只不過是用來作為禮物贈送別人，或者是作為器皿上的裝飾。三代以後，使用糧食和布帛，要以錢幣衡量其價值，所以錢幣和糧食、布帛，在社會上的地位，總是一輕一重地聯繫著，有時候重視糧食、布帛，便輕視錢幣，有時候重視錢幣，便輕視糧食、布帛。漢章帝的時候，糧食和布帛的價格很高，張林上書說：「糧食和布帛的價格高，這是因為錢幣太多的緣故，應該命令天下都用布帛交納賦稅，民間做買賣也都用布帛，將錢幣封藏在國庫裏，不拿出來使用，這樣物價就便宜了。」魏明帝的時候，廢除錢幣，賦稅和民間交易都使用糧食。桓玄輔佐晉朝的時候，也曾想廢除錢幣。當時孔琳之上書說：「先王製造沒有實際用處的貨幣，來實現有用的財物相互交換，這就是銅錢為甚麼會繼龜版、貝殼之後，作為通貨的原因。糧米和布帛，本是充作人間衣食之用的，要劃分一部分出來，充當貨幣使用，糧米便在商販的轉手中被毀掉，布帛便在分割剪裁中消耗掉，這樣的弊病，早就很顯明了。」然而過去統治天下的君主，即使錢幣和糧食、布帛混雜著使用，也仍然不想讓錢幣比糧米、布帛更重要。梁朝初年，只有京城和三吳、荊州、郢州、江州、湘州、梁州、益州用錢幣，其他州郡，錢幣與糧米、布帛混雜著使用，交州、廣州地方，則完全用金銀作貨幣。陳朝使用錢幣，兼用錫、鐵、糧米、布帛作交易，嶺南地區，大多用鹽米布作交易，不用錢幣作交易。在北齊，冀州以北，都不流行錢幣，做買賣的，都是用絹緞布匹進行交易。在後周，河西各郡，有用西域金銀錢進行交易的，而官府並不禁止。唐朝的時候，民間用布帛的地方多，用錢幣的地方少。大曆以前，嶺南地方使用錢幣之外，摻雜使用金銀、丹砂、象牙。貞元二十年，朝廷命令市井交易場合，錢幣和綾羅絹布、雜貨同時並用。憲宗皇帝下詔說，天下蘊藏有銀礦的山必定蘊藏有銅礦，只有銀對人沒有益處，五嶺以北的地方，開採一兩銀的人流放到外地去，主管的官員要依法治罪。元和六年，規定貿易中十緡錢以上的交易，要參用布帛。太和三年，允許用金銀裝飾佛像，但不准許用銅。太和四年，規定市場上百緡錢以上的交易，有一半要用糧食、布帛進行。按唐代以前，除交州、廣州之外，上面國家的賦稅，下面市井間的貿易，一切都不使用金銀，這是可以非常清楚地考見的。

宋元豐十二年❶，蔡京❷當國，凡以金銀絲帛等貿易，勿受夾錫錢❸者，以法懲治。蓋其時有以金銀為用者矣。然重和之令❹，命官之家，留見錢二萬貫，民庶半之；餘限二年聽易金銀之類。則是市易之在下者，未始不以錢為重也。紹興以來，歲額金一百二十八兩，銀無額，七分入內庫，三分歸有司❺。則是賦稅之在上者，亦未始以金銀為正供❻，為有司之經費也。及元起北方，錢法不行，於是以金銀為母，鈔為子，子母相權❼而行，而金銀遂為流通之貨矣。

【章旨】此章論述宋元時期，金銀逐漸成為流通的貨幣。

【注釋】❶元豐十二年　此處為作者筆誤，應作「政和二年」(西元一一一二年)。元豐是北宋神宗的年號，共八年。《宋史・食貨志》敘北宋徽宗政和年間錢法：「二年，蔡京復得政，條奏廣、惠、康、賀、衡、鄂、舒州昨鑄夾錫錢精善，請復鑄如故，廣西、湖北、淮東如之，且令諸路以銅錢監復改鑄夾錫，遂以政和錢頒式焉。夾錫錢既復推行，錢輕不與銅等，而法必欲其重，乃嚴擅易擡減之令。凡以金銀、絲帛等物貿易有弗受夾錫，須要銅錢者，聽人告論，以法懲治。」❷蔡京　北宋興化仙游(今屬福建)人，神宗、哲宗時，先後任開封府知府、戶部尚書，徽宗即位後為左僕射，主持朝政，進封嘉國公、魏國公，拜太師。❸夾錫錢　蔡京推行的一種錢幣。即用銅夾錫鑄成。「每緡用銅八斤，黑錫半之，白錫又半之。」(《宋史・食貨志》)❹重和之令　此處亦作者筆誤，所記事，發生於南宋高宗紹興二十九年(西元一一五九年)。重和是北宋徽宗的年號。《宋史・食貨志》記紹興年間因為銅錢欠缺，限制民間儲存銅錢。其文曰：「二十九年，令命官之家留見錢二萬貫，民庶半之，餘限二年聽轉易金銀，算請茶鹽香礬鈔引之類，越數寄隱，許人告。」命官之家，官宦人家。民庶，百姓；民眾。❺紹興以來五句　見《宋史・食貨志》。當時每年徵收的銅和鉛，都是數十萬斤，錢幣也是十餘萬或數十萬緡，金僅一百餘兩。❻正供　法定的稅收。❼子母相權　元朝的貨幣，有金銀與鈔票兩種，以金銀為母，鈔為子。即以金銀為基礎，確定鈔票的兌換率；子母兩種貨幣同時流通，相互調節，叫子母相權。

【語　譯】宋朝元豐十二年（政和二年），蔡京主持朝政，規定凡是用金銀、絲綢、布帛等物進行交易，不肯接受夾錫錢的人，依法予以懲治。這說明當時已有用金銀進行交易的了。然而，重和（紹興）年間下令，官宦家庭，留現錢兩萬貫，普通百姓家，留一萬貫；多餘的錢幣，限兩年以內讓他們換成金銀一類的東西。這表明下面老百姓的交易中，仍然是看重錢幣。紹興以來，每年徵收黃金一百二十八兩，沒有銀子；所徵收的黃金，百分之七十收入宮中的府庫，百分之三十歸政府財政部門掌管。這表明上面徵收賦稅，也不是把金銀當作正供，不把金銀當作政府辦事的費用。到元朝從北方興起以後，錢幣不再流行，於是發行鈔票，以金銀為母，以鈔票為子，金銀和鈔票同時流通，相互調節。這樣，金銀就成為流通的貨幣了。

明初亦嘗禁金銀交易❶，而許以金銀易鈔於官，則是罔民❷而收其利也，其❸誰信之！故至今日而賦稅市易，銀乃單行，以為天下之大害。

蓋銀與鈔為表裏，銀之力絀❹，鈔以舒❺之，故元之稅糧，折鈔而不折銀。今鈔既不行，錢僅為小市之用，不入貢賦，使百務併於一途，則銀力竭。元又立提舉司❻，置淘金戶，開設金銀場，各路聽民煽煉，則金銀之出於民間者尚多。今礦所封閉，間一開採，又使宮奴❼專之，以入大內，與民間無與，則銀力竭。二百餘年，天下金銀，綱運❽至於燕京，如水赴壑。承平之時，猶有商賈官吏返其十分之二、三；多故❾以來，在燕京者，既盡泄之邊外，而富商、大賈、達官、猾吏，自北而南，又能以其資力盡斂天下之金銀而去，此其理尚有往而復返者乎！

【章旨】指出明朝以銀為通行的貨幣，而由於種種原因，又導致白銀匱竭。

【注釋】❶禁金銀交易　明初洪武、永樂、宣德年間，多次禁止民間貿易使用金銀；英宗以後，這種禁令才逐漸解除。見《明史・食貨志》。❷罔民　欺騙百姓。❸其　表示詰問語氣之詞。相當於豈、難道。❹絀　不足。❺舒　展開。此指調節。❻提舉司　主管某種事務的機構。元朝在產金銀的地方，設金場提舉司、銀場提舉司，管轄淘金戶和金場、銀場。如元世祖至元二十四年（西元一二八七年），在江浙行省設提舉司，以建康等地的淘金夫七千三百六十戶隸之，所轄金場七十餘所。❼宮奴　太監。❽綱運　古代成批的貨物，採用編組運輸的方法；一組稱為一綱。綱運，常用於糧米、食鹽、茶葉；其他物資也有採用綱運的，如北宋的花石綱。本文說明代的金銀，也採用綱運的辦法運抵京師。❾故　亂；禍災。

【語譯】明朝初年，也曾經禁止過使用金銀，而允許用金銀向官府兌換鈔票，這個辦法，是欺騙百姓以謀取利益，有哪個人會相信呢！所以到今天，在國家賦稅和民間市場交易中，只是單用銀子，以致成為天下的大災難。要知道，銀子和鈔票，是表和裏的關係，銀子的用途受到限制，鈔票便用來彌補，所以元朝徵收稅糧，折換成鈔票交納，而不折合成銀子。如今鈔票已經不通行，錢幣只在做小生意時使用，進獻土貢、交納賦稅，都不用錢幣，各種經濟場所，都只使用銀子，這樣一來，銀兩便匱竭了。再者，元朝還設有提舉司和專業淘金戶，開辦金銀場，讓各地礦區百姓，開採提煉金銀，那樣民間就擁有較多的金銀。如今金銀礦場封閉，偶爾開採一次，又是派太監專管其事，採煉的金銀，統統運進宮中，沒有老百姓的份，這也必然導致銀兩匱竭。明朝二百多年，天下的金子、銀子，一批一批地運到北京，就好像水流進了溝池。天下太平的時候，還有商販和官吏們，把自己得到的金銀，拿出百分之二、三十到社會上使用；自從國家陷入內亂外患以後，在北京的金銀，已經全都流到邊境之外，同時，富商大賈、達官顯宦、狡猾的胥吏，又能夠憑藉自己的財力，從北方到南方，將天下的金銀全部搜括去，這樣的世道，金銀流走了，還有可能再回到民間嗎！

夫銀力已竭，而賦稅如故也，市易如故也，皇皇❶求銀，將於何所！

故田土之價，不當異時之什一，豈其壤瘠與？曰：「否，不能為賦稅也。」百貨之價，亦不當異時之什一，豈其物阜❷與？曰：「否，市易無貲❸

也。」當今之世，宛轉❹湯火之民，即時和年豐無益也，即勸農沛澤❺無益也，吾以為非廢金銀不可。廢金銀，其利有七：粟帛之屬，小民力能自致，則家易足，一也。鑄錢以通有無，鑄者不息，貨無匱竭，二也。不藏金銀，無甚貧甚富之家，三也。輕齎❻不便，民難去其鄉，四也。官吏賦私難覆❼，五也。盜賊胠篋❽，負重易跡❾，六也。錢鈔路通，七也。然須重為之禁，盜礦者死刑，金銀市易者以盜鑄錢論而後可。

【章　旨】針對賦稅和商品的交易，闡述廢除金銀之利與必要性，以及應採取的措施。

【注　釋】❶皇皇　同「遑遑」。匆匆忙忙。《漢書・董仲舒傳》：「夫皇皇求財利，常恐乏匱者，庶人之意也。」❷阜　多。❸資　財物。此指貨幣。❹宛轉　此指掙扎不已。宛，屈曲。轉，滾動。❺沛澤　水草茂盛的沼澤。此處是充分、充足的意思。❻輕齎　輕巧而便於攜帶。❼覆　隱藏。❽胠篋　撬開箱子偷東西。❾跡　追蹤；追尋。

【語　譯】社會上的銀兩既已匱竭，而國家的賦稅，還是照樣徵收銀子，民間市場的交易，還是照樣只使用銀子，人們成天忙於尋求銀子，能到哪裏去找到銀子呢！所以如今土地的價格，抵不上從前的十分之一，難道是土地變瘠薄了嗎？我認為：「不是，是因為老百姓交不起土地稅。」各種貨物的價格，也抵不上從前的十分之一，難道是貨物太豐富了嗎？我認為：「不是，是因為市場上沒有貨幣。」在當今的社會裏，陷入水火之中的老百姓，即使風調雨順、五穀豐登，他們也得不到好處；即使採取最有力的措施獎勵農事，他們也得不到好處。我以為，要解救老百姓，在賦稅和商品交易中，非廢除金銀不可。廢棄金銀，有七大好處：第一，糧食、布帛一類的東西，老百姓能夠弄到，老百姓家裏便容易有充足的儲備。第二，鑄造錢幣來供流通，鑄造工作可以不停止，貨幣也不會匱竭。第三，人們不儲藏金銀作財寶，社會上也就沒有極富或極貧的人家。第四，沒有金銀這樣輕巧而便於攜帶的東西，百姓就很難離開自己的家鄉。第五，金銀不算財寶，官吏們貪污的東西，便很難隱藏。第六，盜賊偷的東西，必然是重東西，背在身上也容易追尋。第七，廢棄了金銀，錢幣、鈔票便可以流通。然而，要廢棄金銀，必須嚴厲地予以禁止。凡是偷偷開採金銀礦的，要處以死刑，市場上用金銀作交易的人，按照偷鑄造錢幣的罪行論處。這樣，金銀才能真正廢棄。

財計二

【題解】本篇是討論財計的第二篇，梨洲主張使用錢幣和鈔票，並具體分析了明朝不能實行錢法和鈔法的原因。

錢幣所以為利也，唯無一時之利，而後有久遠之利。以三、四錢之費，得十錢之息，以尺寸之楮❶，當金銀之用，此一時之利也。使封域之內，常有千萬財用流轉無窮，此久遠之利也。後之治天下者，常顧此而失彼；所以阻壞其始議也。

【章旨】說明錢幣的流通，在國家經濟生活中的作用。

【注釋】❶尺寸之楮　尺寸大小的紙幣，鈔票。楮即構樹。古代的紙幣，多用楮皮紙做成。

【語譯】使用錢幣，對於國家是有好處的，只是在短時間內看不到，但日後對國家卻有長久的利益。用三、四個錢的工本費，可以得到十個錢的利益，用尺寸大小的一張紙，可以當作金銀使用，這是鈔票，有眼前暫時的利益。讓在全國範圍內，時時都有千千萬萬財貨流通，這是錢幣久遠的利益。後世治理天下的人，經常顧此失彼，看到眼前，看不到久遠，因此阻攔、破壞當初合理的計議。

有明欲行錢法而不能行者：一曰惜銅愛工，錢既惡薄❶，私鑄繁興。二曰折二折三，當五當十❷，制度不常。三曰銅禁不嚴，分造器皿。四曰年號異文❸。此四害者，昔之所同。五曰行用金銀，貨不歸一。六曰賞賚❹、賦稅，上行於下，下不行於上。昔之害錢者四，今之害錢者六。故今日之錢，不過資小小貿易，公私之利源，皆無賴焉；是行錢與不行等也。誠廢金銀，使貨物之衡❺，盡歸於錢；京省各設專官鼓鑄❻；有銅之山，官為開採；民間之器皿，寺觀之像設，悉行燒毀入局❼；千錢以重六觔四兩❽為率，每錢重一錢；製作精工，樣式畫一，亦不必冠以年號；除田土賦粟帛外，凡鹽酒征榷❾，一切以錢為稅：如此而患不行，吾不信也。

【章　旨】此章於具體分析明朝所以不能推行錢法的原因之後，並對錢幣的可行性，予以肯定的論證。

【注　釋】❶惡薄　指錢幣成色差，重量輕。❷折二折三二句　這是銅錢和鐵錢、大錢和小錢幣值的各種比價。如一個大錢，當十個小錢或五個小錢；一個銅錢，當十個鐵錢或五個鐵錢，又如二個小錢或三個小錢，折合一個大錢。《宋史・食貨志》：「錢有銅鐵二等，而折二折三，當五折十，則隨時立制。」❸年號異文　錢幣上鑄有製錢時的年號，舊錢和新錢的年號自然不同。❹賚　賞賜。❺衡　稱量輕重的器具。此指價值設定的標準。❻鼓鑄　鼓風扇火，鎔化金屬，鑄造錢幣。《漢書・終軍傳》師古注引如淳語：「鑄銅鐵，扇熾火，謂之鼓。」❼局　鑄造錢幣的機構。明朝京城有寶源局，各省亦有寶泉局。❽六觔四兩　六斤四兩，按舊制共一百兩，即一千錢。觔，斤的借字。❾征榷　徵稅與專賣。

【語　譯】明朝想推行錢幣而所以不能推行，原因是：一、愛惜銅和工本，造出的錢幣又輕又差，既然國家造的錢幣又輕又差，民間便會有很多私自偽造錢幣的情事。二、銅錢和鐵錢、大錢和小錢的比價，或折二，或折三，或當五，或當十，沒有一定的制度。三、國家對銅管制不嚴格，有人將銅挖出去製造器皿。四、社會流行的錢幣，有各個時代的產物，上面的年號不一樣。錢法的這四大弊病，自古以來是相同的。五、賦稅和市場交易中使用金銀，貨幣不能統一。六、上對下的賞賜用錢幣，百姓交納賦稅用金銀，這樣，錢幣只能由上流通到下層，下層的錢幣，不能流行到上面去。從前的錢法有四大弊病，如今的錢法有六大弊病。因此，今天的錢幣，不過用於小小的貿易之中，無論是公家，還是私人，都不依賴錢幣來獲利。這樣，有錢幣流行，等於沒有錢幣流行。如果真能廢棄金銀，讓貨物的價值，統統由錢幣來衡量；京城和各省都設立專門的官員，主持治煉，鑄造錢幣；蘊藏銅的礦山，由官府主持開採；民間的銅製器皿，寺觀裏的銅像，都燒毀運到鑄造局去造錢；一千錢，以六斤四兩重為標準，每一錢的錢幣的重量為一錢；錢幣的製作，精緻講究，樣式統一，也不必加上鑄造的年號；除了土地稅徵收糧食、布帛以外，凡鹽酒買賣等一切租稅，都徵收錢幣：這樣辦，我絕對不信錢幣還不能流行。

有明欲行鈔法而不能行者，崇禎間，桐城諸生蔣臣❶，言鈔法可行，歲造三千萬貫❷，一貫直一金，歲可得金三千萬兩。戶部侍郎王鰲永主其說，且言初年造三千萬貫，可得五千萬金，所入既多，將金與土同價。上特設內寶鈔局，晝夜督造，募商發賣，無肯應者。大學士蔣德璟言，以一金易一紙，愚者不為。上以高皇帝之行鈔❸難之。德璟曰：「高皇帝似亦神道設教❹，然賞賜折俸而已，固不曾用之兵餉也。」按鈔起於唐之飛錢❺，猶今民間之會票❻也；至宋而始官制行之❼。然宋之所以得行者，每造一界，備本錢三十六萬緡，而又佐之以鹽酒等項。蓋民間欲得鈔，則以錢入庫；欲得錢，則以鈔入庫；欲得鹽酒，則以鈔入諸務❽。故鈔之在手，與現錢無異。其必限之以界者，一則官之本錢，當使與所造之鈔相準，非界則增造無藝❾；一則每界造鈔若干，下界收鈔若干，詐偽易辨，非界則收造無數。宋之稱提❿鈔法如此。即元之所以得行者，隨路設立官庫，貿易金銀，平準鈔法⓫。有明寶鈔庫，不過倒收舊鈔，凡稱提之法，俱置不講，何怪乎其終不行也！毅宗言利之臣，不詳其行壞之始末，徒見尺楮張紙，居然可以當金銀，但講造之之法，不講行之之法。官無本錢，民何以信！故其時言可行者，猶見彈而求炙⓬也。然誠使停積錢緡，五年為界，斂舊鈔而焚之；官民使用，在關即以之抵商稅，在場即以之易鹽引⓭，亦何患其不行！且誠廢金銀，則穀帛錢緡，不便行遠，而囊括尺寸之鈔，隨地可以變易，在仕宦商賈，又不得不行。德璟不言鈔與錢貨不可相離，而言神道設教，非兵餉之用；彼行之於宋、元者，何不深考乎！

【章　旨】此章於具體分析明朝所以不能推行鈔法的原因之後，並對鈔法的可行性，亦予以肯定的論證。梨洲認為，鈔票可行不可行的關鍵，在於發行鈔票時，有無相應的「本錢」（準備金）。

【注　釋】❶蔣臣　當時為戶部主事。蔣臣言鈔法事見《明史・卷二五一》。❷一貫直一金　一貫現鈔值一兩銀子。貫，錢幣和紙幣的單位。古代有以一千文為一貫者，有以五百文為一貫者，制度不一。金，指白金（銀），一金即一兩銀子。❸高皇帝之行鈔　明太祖朱元璋，於洪武八年（西元一三七五年）詔中書省，造「大明寶鈔」，通行民間。❹神道設教　君主順應天道以治國。《易・觀》：「觀天之神道，而四時不忒；聖人以神道設教，而天下服矣。」❺唐之飛錢　唐朝的一種信用證券（票據）。唐憲宗時，各地在京師的商人，將售貨所得款項，交付各道駐京的進奏院，或與各地有聯繫的富家，領取半聯票券。商人回到本地後，合對票券取款。這種票券稱飛錢。❻會票　明清時，商人們發行的一種異地支付的信用證券。在一地交款領票，到另一地憑票兌款。❼至宋而始官制行之　宋朝承唐代的飛錢，發行紙幣「交子」，又稱「會子」。最初由富商發行，後改由政府發行。每次發行有一定的限額，以錢幣為現金準備，三年兌現一次，換發新鈔，稱為一界。❽諸務　諸有關機構。宋朝管理貿易及收稅的機構，稱務。❾藝　限度。❿稱提　南宋的鈔法叫做稱提鈔法。即限制發行總額，規定行使期限，按期調換。⓫隨路設立官庫三句　《元史・食貨志》記載，元代中統初年造中統寶鈔，「設各路平準庫，主平物價，使相依準，不至低昂」。元世祖至元二十四年（西元一二八七年），造至元鈔，與中統鈔通行，「依中統之初隨路設立官庫，貿易金銀，平準鈔法。每花銀一兩，入庫其價至元鈔二貫，出庫二貫五分；赤金一兩，入庫二十貫，出庫二十貫五百文」。⓬見彈而求炙　看見彈丸就渴望烤鳥肉。《莊子・齊物論》：「且女亦大早計，見卵而求時夜，見彈而求鴞炙。」⓭鹽引　商人領鹽運銷的憑證。

【語　譯】明朝想推行鈔法卻沒能推行。崇禎年間，桐城秀才蔣臣上書說，可以推行鈔法，建議每年造三千萬貫現鈔，一貫現鈔值一兩銀子，每年便可得銀子三千萬兩。戶部侍郎王鰲永支持他的意見，並且建議頭一年造三千萬貫，可以得到五千萬兩銀子；朝廷收入多了以後，銀子的價值將會和泥土差不多。皇帝聽了他們的意見，特地設立內寶鈔局，日夜督促印製鈔票，招募商人發賣，結果卻是沒有人來買。大學士蔣德璟說，要老百姓用一兩銀子換一張紙，再愚蠢的人也不會幹。皇帝問他，為甚麼太祖高皇帝曾經發行過鈔票呢？德璟回答說：「太祖高皇帝似乎是順應天道來治理國家，不過，高皇帝發行的鈔票，也只是用於賞賜，或充當官員的俸金，確實不曾用鈔票作軍餉。」按鈔票起源於唐代的飛錢，當時的飛錢，猶如現在民間通行的會票。到宋代，才開始有政府印製的鈔票。然而宋朝的鈔票之所以能夠流行，是因為每製造一界的現鈔，即準備三十六萬緡錢幣做本錢，而且還有鹽、酒之類貨物作為補充。老百姓想要現鈔，便拿錢幣到官庫裏去兌換；想要錢幣，就拿鈔票到官庫裏去兌換；想要鹽、酒，便拿現鈔到各有關部門去購買。因此，現鈔在手裏，就同錢幣一樣。當時每次發行鈔票，都有一定的限額和使用期限，之所以要這樣，一是因為所造鈔票的數額，應當和朝廷準備的本錢相等，如果不規定鈔票的限額和使用期限，就會無限制地加印；再是規定了限額和使用期限，每一個週期內造多少現鈔，下一個週期便收回多少，假的容易辨別，如果不規定限額和使用期限，鈔票回收和製造的數額，便不能了解與控制。

宋朝的所謂稱提鈔法就是這樣。元朝之所以能夠通行鈔票，是因為在各路設立官庫，讓百姓用鈔票交換金銀，這樣保持鈔票的幣值。明朝的寶鈔庫，任務不過是回收舊鈔票，凡是稱提的種種辦法都拋棄不講究了，這就難怪其結果是鈔票無法流通！毅宗皇帝手下議論財政的大臣，不仔細研究鈔法的實行與遭破壞的過程，只看到一張尺把長的構樹皮紙，居然可以當作金銀使用，便主張推行鈔票。他們只考慮如何造鈔票的方法，不考慮如何發行、如何流通的問題。朝廷沒有準備現鈔的本錢，老百姓怎麼會相信鈔票呢！那時候講鈔票可行的，就像是看見彈子便想烤鳥肉吃。不過，如果確實儲備錢幣，以五年作為現鈔發行的一界，到下一界，便把舊鈔票收集起來燒掉，再發行新鈔票；官府和百姓都使用鈔票，在各地的關卡就用現鈔抵商稅，在各鹽場就用現鈔換取鹽引，這樣一來，還怕鈔票不能流行！再說，如果真的廢棄了金銀，那麼糧食、布帛、錢幣，出遠門時不便於攜帶，而口袋裏裝著尺寸大小的現鈔，不管走到哪裏，隨處都可以換成貨物和錢幣，這樣在官吏和商人們中間，又不得不使用鈔票。德璟不懂得紙鈔和錢幣、貨物是不可分離的，而說發行紙鈔是順應天道，不是用作兵餉的；那紙鈔曾流行於宋元時代，為甚麼不好好考查一下呢！

財計三

【題解】本篇是討論財計的第三篇。梨洲認為，治理國家的人，要使國民富足，除了減輕賦稅以外，還要革除各種侈靡的習俗，取締蠱惑人心、勞民傷財的迷信活動。尤其值得注意的是，梨洲在本篇一反儒家傳統觀念，認為工商業和農業，均為國家之本，應當同樣受到重視。

治天下者，既輕其賦斂矣，而民間之習俗未去，蠱惑❶不除，奢侈不革，則民仍不可使富也。

【章旨】首章提出全文中心論點，以引起下面各章的具體論述。

【注釋】❶蠱惑　使人心意迷亂。

【語譯】治理天下的人，減輕百姓的賦稅以後，如果民間壞的習俗不改掉，蠱惑人心的事不取締，奢侈浪費的風氣不革除，那就仍然不能使百姓富足起來。

何謂習俗？吉凶之禮❶既亡，則以其相沿者為禮。婚之筐篚❷也，裝資❸也，宴會也；喪之含殮❹也，設祭也，佛事也，宴會也，芻靈❺也。富者以之相高❻，貧者以之相勉矣。

【章　旨】論壞習俗的禍害。

【注　釋】❶吉凶之禮　吉事和凶事的禮儀。古代稱祭祀、行冠禮、婚娶為吉事，稱喪事為凶事。❷筐篚　盛物的竹器。方的叫筐，圓的叫篚。這裏是指訂婚和結婚時，男方送給女方的禮物。❸裝資　嫁妝。❹含殮　含是殯殮時給死人口中含上珠玉，殮是給死者穿上衣服後放入棺中。❺芻靈　用草紮成的假人假馬，古人用以殉葬。見《禮記・檀弓下》。❻相高　互相比較高下。

【語　譯】習俗是甚麼？古代聖人制定的吉事、凶事禮儀失傳之後，民間便把流行的習俗，當作行為的規範。結婚時送禮，辦嫁妝，宴請親友；辦喪事時為死者含玉、裝殮，設靈堂祭奠，請和尚做佛事，宴請親友，紮草人殉葬。富貴人家藉此擺闊氣，炫耀自己的地位和財富；貧苦人家在這樣的時候，也要盡心竭力地操辦。

何謂蠱惑？佛也，巫也。佛一耳，而有佛之宮室❶，佛之衣食，佛之役使，凡佛之資生器用無不備，佛遂中分其民之作業矣。巫一耳，而資於楮錢❷香燭以為巫，資於烹宰以為巫，資於歌吹婆娑❸以為巫，凡齋醮祈賽❹之用無不備，巫遂中分其民之資產矣。

【章　旨】論佛、巫蠱惑人心的禍害。

【注　釋】❶宮室　房屋。此處指廟宇。❷楮錢　此指迷信用品紙錢。❸歌吹婆娑　歌唱、吹奏、舞蹈，都是敬神、請神時的表演。❹齋醮祈賽　設壇做法事，向神祈禱，用歌舞、酒食敬神。賽是賽會，即用歌舞、酒食敬神的活動。

【語　譯】蠱惑是甚麼？是佛，是巫。因為一個佛，便要供佛的廟宇，要供養佛的衣食，要有侍候佛、為佛奔走效力的人，凡是佛吃的、穿的、用的，都要籌備，這樣，佛就把老百姓的勞動成果分走了一半。因為一個巫，便要依靠紙錢香燭來作巫，依靠烹牛宰羊來作巫，依靠歌唱、吹奏、舞蹈來作巫，凡是設壇做法事、祈禱、賽會等活動，無不齊備，這樣，巫就把老百姓的財產分走了一半。

何謂奢侈？其甚者，倡優❶也，酒肆也，機坊❷也。倡優之費，一夕而中人之產；酒肆之費，一頓而終年之食；機坊之費，一衣而十夫之煖❸。

【章　旨】論奢侈的禍害。

【注　釋】❶倡優　表演歌舞伎藝以娛人的藝人。即歌妓舞女之類。❷機坊　織造綢緞的作坊。❸煖　同「暖」。溫暖。

【語　譯】奢侈是甚麼？其中最嚴重的，是歌妓舞娘，是酒館，是織造綢緞的作坊。在歌妓舞女身上的消費，一個晚上，便相當於中等人家的家財；在酒館的消費，一頓飯，就相當於一年的生活費；綢緞作坊，所引起的穿戴上的消費，一件衣裳，就相當十個人的衣著。

故治之以本，使小民吉凶一循於禮，投❶巫驅佛，吾所謂學校之教明而後可也。治之以末，倡優有禁，酒食有禁，除布帛外皆有禁。今夫通都❷之市肆，十室而九，有為佛而貨者，有為巫而貨者，有為倡優而貨者，有為奇技淫巧❸而貨者，皆不切❹於民用；一概痛絕之，亦庶乎救弊之一端也。此古聖王崇本抑末之道。世儒不察，以工商為末❺，妄議抑之；夫工，固聖王之所欲來❻，商又使其願出於途❼者，蓋皆本也！

【章　旨】此章提出治國的要領，在於崇本抑末。所謂崇本，就是引導百姓，遵循禮制，盡力於農事和工商。所謂抑末，就是革除各種侈靡的習俗，禁絕各種蠱惑人心、勞民傷財的活動。

【注　釋】❶投　扔掉；拋棄。❷通都　四通八達的大城市。❸奇技淫巧　新奇特異的、不切於民用的技藝。《尚書・泰誓》說商紂王「作奇技淫巧，以悅婦人」。❹切　合。❺以工商為末　以農業為本，工商業為末，是中國傳統的經濟思想。❻夫工二句　《禮記・中庸》論「為天下國家有九經」，其中之一為「來百工」，並說「來百工則財用足」。來百工，即使百工來；招徠百工。❼商又使其願出於途　語出《孟子・梁惠王上》：「今王發政施仁，使天下仕者，皆欲立於王之朝，耕者，皆欲耕於王之野，商賈，皆欲藏於王之市，行旅，皆欲出於王之塗。」塗同「途」。行旅可包括在外經商的人。

【語　譯】所以，從根本上治理國家，便要使百姓辦理吉事和喪事一概遵循禮制，拋棄事巫和供佛那一套，這就是我所說的，學校教化的職責得到發揮以後，就可以實現了。同時，對於社會的末業要進行整治，禁止倡優的活動，禁止酒食上的揮霍，除布帛外，其他豪華的穿戴，都予以禁止。如今都市的商店，十家就有九家是為佛在賣貨，為巫在賣貨，為歌妓舞女在賣貨，為新奇特異的技藝在賣貨，都不切合百姓的實用；一概徹底禁絕，也是拯救時弊的一個方面。這就是古聖王重視本業、抑制末業的方針政策。世俗的儒者，對此不能明察，把工商業看做末業，荒謬地主張對工商業加以壓抑與限制。要知道，聖王本來是歡迎工人到自己國家來的，也希望商人到自己國家來作客，工業、商業，都是本業啊！

胥吏

【題解】胥吏，官府中辦理文書的小吏，也可包括供差使的衙役。本篇論述官府胥吏衙役的種種惡行，以及解決這一社會公害的措施。梨洲提出兩條建議：一是將官府奔走服役的差事，改由民戶輪流承擔，即恢復為差役；另一條是將辦理文書一類的事務，均改由學校和科舉出身的讀書人擔任。他認為，按照他的辦法，便可以解除胥吏之害。

古之胥吏者一，今之胥吏者二。古者府史胥徒❶，所以守簿書❷、定期會❸者也；其奔走服役，則以鄉戶充之。自王安石改差役為顧役❹，而奔走服役者，亦化而為胥吏矣。故欲除奔走服役吏胥❺之害，則復差役；欲除簿書期會吏胥之害，則用士人。

【章旨】概述胥吏衙役的歷史演變，及解除胥吏衙役之害的措施，這是全篇的基本論點。

【注釋】❶府史胥徒　古代官府的四種職務，都是小吏。《周禮・天官・冢宰》敘周代官職：「府六人，史有二人，胥十有二人，徒百有二十人。」❷簿書　官方文書。❸定期會　約定公務期限。❹自王安石改差役為顧役　宋朝的差役，成為百姓的嚴重負擔，尤其是衙前、戶長等役，往往使服役者傾家蕩產。王安石執政後，推行免役法，又稱僱役法，即改差役為僱役，由國家用徵收來的經費僱人充役，並按照役的輕重給酬。王安石以後，役法變動不定。明朝實行一條鞭法後，差役則多改為僱役。差役是派民戶輪流供官府差遣。顧，與「雇」、「僱」同。❺吏胥　即胥吏。

【語譯】古代的胥吏是一種，如今的胥吏是兩種。古代官府的府、史、胥、徒等小吏，職責是掌管文書、約定公務活動期限；那時衙門裏跑腿的、當差服役的，是由百姓輪流充當。自從王安石把百姓擔當的差役改為僱用人服役，那些跑腿的、當差服役的也都變成胥吏了。因此，要想解除跑腿的、服役的那種胥吏的禍害，就要恢復差役法；要想解除作祕書工作的那種胥吏的禍害，就要任用讀書人擔任這種工作。

何謂復差役？宋時差役，有衙前❶、散從、承符、弓手、手力、耆長、戶長、壯丁色目❷。衙前以主官物，今庫子、解戶❸之類；戶長以督賦稅，今坊里長；耆長、弓手、壯丁以逐捕盜賊，今弓兵、捕盜之類；承符、手力、散從以供驅使，今皁隸、快手、承差之類。凡今庫子、解戶、坊里長，皆為差役，弓兵、捕盜、皁隸、快手、承差，則顧役也。余意坊里長值年之後，次年仍出一人以供雜役❹。蓋吏胥之敢於為害者，其故有三：其一，恃官司之力，鄉民不敢致難❺；差役者，則知我之今歲致難於彼者，不能保彼之來歲不致難於我也。其二，一為官府之人，一為田野之人，既非同類，自不相顧；差役者，則儕輩❻爾汝❼，無所畏忌。其三，久在官府，則根株窟穴，牢不可破❽，差役者，伎倆生疏，不敢弄法。是故坊里長同勾當❾於官府，而鄉民之於坊里長不以為甚害者，則差與顧之分也。治天下者，亦視其勢。勢可以為惡，雖禁之而有所不止；勢不可以為惡，其止之有不待禁也。差役者，固勢之不可以為惡者也。議者曰：自安石變法，終宋之世，欲復之而不能，豈非以人不安於差役與？曰：差役之害，唯有衙前，故安石以顧募救之。今庫子、解戶，且不能不仍❿於差役，而其無害者顧⓫反不可復乎？宋人欲復差役，以募錢為害；吾以謂募錢之害小，而胥吏之害大也。

【章　旨】此章論差役改僱役的弊端，以及恢復差役的必要和可行性。

【注　釋】❶衙前　宋代差役之一，主管運送官物或看管府庫糧倉，或管理州縣官食物。本篇所述宋時官役名目，可參看《宋史·食貨志》。❷色目　類別；品目。❸庫子解戶　皆為官府看管糧倉和解運錢糧的差役。本篇所述明代官役的名目，可參看《明史·食貨志》。❹雜役　臨時徵調的勞役，與按民戶派充的甲役、按丁口派充的傜役有區別。❺致難　予以責難。難，忌恨。❻儕輩　同輩。❼爾汝　彼此親暱，不拘形跡。❽根株窟穴二句　勢力盤根錯節，基礎牢固，不能攻破。《漢書·趙廣漢傳》：「郡中盜賊，閭里輕俠，其根株窟穴所在，及吏受取請求銖兩之姦，皆知之。」❾勾當　做事。❿仍　因襲。⓫顧　豈；難道。

【語　譯】為甚麼要恢復差役呢？宋朝時候的差役，有衙前、散從、承符、弓手、手力、耆長、戶長、壯丁等名目。衙前，用來看管官家的財物，相當於如今的庫子、解戶一類人員；戶長，用來催督錢糧賦稅，相當於如今的坊里長；耆長、弓手、壯丁，用來追捕盜賊，相當於如今的弓兵、捕盜一類人員；承符、手力、散從，是供使喚的、跑腿的，相當於如今的皁隸、快手、承差一類人員。如今庫子、解戶、坊里長，全都是差役，弓兵、捕盜、皁隸、快手、承差，則是政府僱人服役。我的意見，坊里長在輪值服役一年之後，第二年他家裏還得出一人去服雜役。說到胥吏為甚麼敢於做危害百姓的事，那有三個原因：第一，他們依靠官府的力量，鄉里老百姓不敢忌恨他們；如果是差役的話，那我今年刁難了別人，來年別人就可能刁難我。第二，胥吏為官府的人，百姓是民間的人，胥吏和百姓既然不是同一類人，自然相互不會照應；如果是差役的話，都是百姓，彼此差不多，自然誰都不怕誰。第三，胥吏長期在官府，勢力盤根錯節，基礎牢固，所以敢於為非作歹；而當差服役的人，對於官場的各種手段很生疏，不敢破壞法制，玩弄權術。因此，坊里長雖然同樣是在官府做事，而老百姓卻不覺得坊里長危害很大，這就是差役和僱役的區別。治理天下，也要看形勢。形勢可以做壞事，即使禁止也止不住；形勢不可以做壞事，就自然會止住，而不要等待人去禁止。實行差役，就是形成一種不能幹壞事的形勢。議論的人說：自從王安石變法以後，宋朝直到滅亡，總想要恢復差役都辦不到，難道不是因為人們不樂意接受差役嗎？我卻認為：差役的禍害，只有衙前那一種，所以王安石用僱募人充役的辦法來救治。如今庫子、解戶，尚且不能不沿用差役，那些無害的差役，反倒不能恢復嗎？宋朝人想要恢復差役，是因為看到徵收錢的弊害；我認為，徵收錢的弊害還是小的，由僱役而引起的胥吏禍害，才是社會的大災難啊。

何謂用士人？六部院寺❶之吏，請以進士之觀政❷者為之，次及任子❸，次及國學之應仕者❹；滿調❺則出官州縣，或歷❻部院屬官，不能者落職。郡縣之吏，各設六曹❼，請以弟子員之當廩食者❽充之；滿調則升之國學，或即補六部院寺之吏，不能者終身不聽出仕。郡之經歷、照磨、知事❾，縣之丞、簿、典史❿，悉行汰去。行省⓫之法，一如郡縣。蓋吏胥之害天下，不可枚舉，而大要有四：其一，今之吏胥，以徒隸⓬

為之，所謂皇皇⑬求利者；而當可以為利之處，則亦何所不至，創為文網⑭以濟其私。凡今所設施之科條，皆出於吏，是以天下有吏之法，無朝廷之法。其二，天下之吏，既為無賴子所據，而佐貳⑮又為吏之出身，士人目為異途⑯，羞與為伍；承平之世，士人眾多，出仕之途既狹，遂使有才者老死丘壑，非如孔孟之時，委吏、乘田⑰、抱關、擊柝⑱之皆士人也。其三，各衙門之佐貳，不自其長辟召，一一銓之吏部，即其名姓且不能徧，況其人之賢不肖乎！故銓部化為籤部⑲，貽笑千古。其四，京師權要之吏，頂首⑳皆數千金，父傳之子，兄傳之弟，其一人麗㉑於法，而後繼一人焉，則其子若㉒弟也，不然，則其傳衣鉢者也；是以今天下無封建之國，有封建之吏。誠使吏胥皆用士人，則一切反是，而害可除矣。且今各衙門之首領官㉓與郡縣之佐貳，在漢則為曹掾㉔之屬，其長皆得自辟，即古之吏胥也。其後選除出自吏部，其長復自設曹掾以為吏胥；相沿至今。曹掾之名既去，而吏胥之實已亡矣。故今之吏胥，乃曹掾之重出者也。吾之法，亦使曹掾得其實，吏胥去其重而已。

【章　旨】此章論述任用士人擔任胥吏的必要性，以及具體的實施辦法。

【注　釋】❶六部院寺　吏部、戶部、禮部、兵部、刑部、工部和都察院、大理寺等。❷觀政　從政。明朝進士入翰林院任職的為修撰、編修、檢討，入翰林院學習進修的稱庶吉士；其他派入六部、都察院、通政司、大理寺等政府衙門任職的，稱進士觀政。❸任子　兒子由於父親的庇廕而得到官位。參見本書〈取士下〉。❹國學之應仕者　太學裏學習成績優異者，可分配到各衙門任職。參見本書〈取士下〉。❺滿調　任職到期，經過考核，達到要求的則調任。❻歷　經歷；任職。❼六曹　地方政府中，分科辦事的機構。即吏、戶、禮、兵、刑、工六科。❽弟子員之當廩食者　府、州、縣學中的廩膳生員，由國家供給廩米。明朝府、州、縣學生員（秀才），有附學生員、增廣生員、廩膳生員三類，初入學者，為附學生員，經歲、科兩試成績優異者，依次升為增廣生員、廩膳生員。❾經歷照磨知事　明朝知府下的屬官，其職責是「檢校、受發上下文移，磨勘六房宗卷」（《明史．職官志》）。❿丞簿典史　即縣丞、主簿、典史，是知縣下的僚佐和屬員。「縣丞、主簿分掌糧馬、巡捕之事；典史，典文移出納，如無縣丞或無主簿，則分領丞簿職。」（《明史．職官志》）⓫行省　元朝除京師和附近地區直屬中書省外，在各地設行中書省；明初亦有行中書省之設。以後習慣上，便稱行省或省。⓬徒隸　服賤役的人；低賤而沒有知識的人。⓭皇皇　同「遑遑」。匆忙的樣子。⓮文網　法制禁令。⓯佐貳　作為副職的官員，如府和縣的同知、通判、縣丞、主簿等。⓰異途　意同「旁門左道」。⓱委吏乘田　《孟子．萬章下》說孔子「嘗為委吏矣」，「嘗為乘田矣」。委吏，是負責倉庫保管、會計事務的小吏。乘田，是管理牧場飼養六畜的小吏。⓲抱關擊柝　守門打更的小吏。《孟子．萬章下》：「辭尊居卑，辭富居貧，惡乎宜乎？抱關擊柝。」⓳籤部　抽籤的部門。⓴頂首　出錢買他人的職業以頂替。《水滸傳》第九十一回：「各州縣雖有官兵防禦，都是老弱虛冒。或一名吃兩三名的兵餉；或勢要人家閑著的伴當，出了十數兩頂首，也買一名充當，落得關支些糧餉使用。」

㉑麗 同「羅」。遭受。㉒若 或。㉓各衙門之首領官 此指六部院寺所屬的各廳、司的頭目，如司務廳司務、文選司郎中等。㉔曹掾 分曹辦理公事的掾屬。即指官府的屬官。

【語譯】甚麼叫任用讀書人呢？六部和都察院、大理寺等部門的胥吏，請派從政的進士擔任，其次，可以按國家優待官員的制度和辦法，任用官員的兒子，再次，還可以任用太學裏成績優異、應當出仕的學員。任職期滿、經過考核、達到要求的，便調到地方上擔任州、縣的長官，或者擔任六部和都察院等部門所管屬的官吏，不能勝任職務的即罷免。府和縣的胥吏，各分六個衙署辦事，請派官學的廩膳生員充當；任職期滿、經過考核、達到要求的，便升入太學學習，或者讓他們擔任六部和都察院、大理寺等部門的胥吏，不能勝任職務的，便一輩子不讓他們出來做官。府裏的經歷、照磨、知事，縣裏的縣丞、主簿、典史，這些官職要統統裁掉。行省的辦法也要和府、縣完全一樣。如今胥吏給國家造成的災難，舉不勝舉，而主要有四方面：第一，如今衙門的胥吏，都是低賤的、沒有知識的人擔任，也就是急急忙忙追求私利的小人；對他們而言，凡是可以得到私利的，就要不擇手段去幹，以至於制定法令規章，來滿足他們的私利。現今所訂立的一切法令條文，都出自胥吏之手；因此，國家只有胥吏的法律，沒有朝廷的法律。第二，天下的胥吏，既然都是無賴之徒在充當，而各級政府的僚佐，又是胥吏做官的出路，讀書人認為這不是進身的正道，不願意同這些無賴之徒，走同一條進身之路。太平的年月，讀書人眾多，通向做官的途徑，只有科舉一條狹窄的路，這就使有才幹的人不能出頭，老死在民間；不像孔子、孟子那個時候，會計、保管，管理牧場的，守門打更的，都是讀書人。第三，如今各衙門的副職，不是由那個衙門的長官徵聘的，一個一個的都要由吏部選拔；吏部對他們的姓名都不可能完全弄清楚，何況他們人品的好壞和能力的高低呢！吏部選人的辦法，好像寺廟裏抽籤，所以銓部變成為籤部，留下千古的笑話。第四，京城有權有勢的胥吏，頂替錢都是幾千兩銀子，父親傳給兒子，哥哥傳給弟弟。他們哪個人如違反法紀，受到懲罰，後面繼承的一個人，不是他的兒子或弟弟，便是他傳授衣缽的人。因此，如今天下沒有世襲的封建諸侯國，卻有世襲的封建胥吏。如果胥吏真的都用讀書人，那一切情況都會和這相反，而胥吏的禍害，便可以清除了。再說如今各廳、司衙門的首領官和府、縣的僚佐，在漢朝就是分曹辦事的掾屬，那時候，長官都得以徵聘自己的屬吏，這就是古代的胥吏。後來，這些人的選拔、任命都由吏部決定，各部門的長官，於是再自設分曹辦事的掾屬來做胥吏。這種作法，一直沿襲到現在。曹掾的名稱既然已不存在，實際上他們也不是胥吏了。因此，如今的胥吏，實際上就是曹掾的重複設置。我提出的辦法，不過是使曹掾成為實際的胥吏，而去掉當今重複設置的胥吏罷了。

奄宦上

【題解】奄宦，即宦官，也稱太監。奄，亦可作「閹」。奄人即割勢（割去睪丸）的人。古代後宮侍者，悉用奄人。本篇是論述奄宦之禍的上篇。

奄宦之禍，歷漢、唐、宋而相尋無已❶，然未有若有明之為烈❷也。漢、唐、宋，有干與朝政之奄宦，無奉行奄宦之朝政。今夫宰相六部，朝政所自出也；而本章之批答❸，先有口傳，後有票擬❹；天下之財賦，先內庫❺而後太倉❻；天下之刑獄，先東廠❼而後法司❽；其它無不皆然。則是宰相六部，為奄宦奉行之員而已。人主以天下為家，故以府庫❾之有為己有，環衛❿之強為己強者，尚然⓫末王之事。今也，衣服、飲食、馬匹、甲仗、禮樂、貨賄⓬、造作，無不取辦於禁城數里之內；而外庭所設之衙門，所供之財賦，亦遂視之為非其有，嘵嘵⑬而爭。使人主之天下，不過此禁城數里之內者，皆奄宦為之也。漢、唐、宋之奄宦，乘人主之昏而後可以得志；有明則格局已定，牽挽相維。以毅宗之哲王，始而疑之，終不能舍之，卒之臨死而不能與廷臣一見，其禍未有若是之烈也⑭！

【章旨】論述明朝奄宦之禍害，更甚於前代。

【注釋】❶歷漢唐宋而相尋無已　西漢干預朝政的宦官，僅有元帝時的石顯。東漢和帝以後，宦者勢力漸大，終至操縱國事，殘害忠良。史書上說，「西京（西漢）自外戚失祚，東都（東漢）緣閹尹傾國」。唐朝至中葉以後，宦官備受寵信，威柄下移，政握宦者之手。「漢唐相去五百歲，產亂取亡猶蹈一轍」（《新唐書・宦者傳》）。宋朝禍國殃民的宦官，有臭名昭著的童貫。尋，緊接而至。❷有明之為烈　明朝閹宦的禍患，是歷史上最嚴重的。英宗時的王振，憲宗時的汪直，橫恣不法，而黨羽未甚。武宗時，以劉瑾為首的八個宦官，結黨為奸，號稱八虎；內閣大臣焦芳、吏部尚書張綵等人，均爭相取媚於閹黨，甘為閹人效命。熹宗時的魏忠賢，勾結熹宗乳母客氏，專權亂政，黨羽滿朝，諂媚者呼九千歲。❸本章之批答　君主對百官奏章的批示答覆。❹先有口傳二句　明代百官奏章，呈送御前之後，由太監口傳旨意，轉發到內閣擬寫批答之詞；內閣再送入內宮，由太監代皇帝批紅。❺內庫　皇室的倉庫。❻太倉　京師積穀的官倉。❼東廠　明朝特有的刑獄機構。明成祖始設於京城東安門北，以親信宦官掌管。任務為緝訪謀逆、妖言、大奸惡事，主要是監視官吏，鎮壓百姓。❽法司國家掌司法刑獄的官署。《明史・刑法志》：「三法司，曰：刑部，都察院，大理寺。」❾府庫　官府貯藏財物、兵馬器械的地方。❿環衛　禁衛；保衛皇帝宮室的軍隊。⓫尚然　尚且是。⓬貨賄　金玉布帛。即財物。《周禮・天官・大宰》：「阜通貨賄。」鄭玄注：「金玉曰貨，布帛曰賄。」⓭嘵嘵　爭論的聲音。⓮以毅宗之哲王五句　崇禎皇帝登基之初，處置魏忠賢及其黨羽，並下詔禁宦官出禁門。而不久以後，又倚重宦官，摧折文武忠幹之臣。李自成軍隊圍攻京師時，開城門迎接李自成的，就是崇禎素所尊信的宦官曹化淳。

【語　譯】宦官的禍害，經歷漢朝、唐朝、宋朝，連續不斷，然而卻從來沒有像明朝這樣嚴重的。漢朝、唐朝、宋朝，有干預朝政的宦官，還沒有遵照宦官意志的朝政。如今朝廷大政，雖然出自宰相和六部，但百官章奏的批示答覆，先有太監口傳旨意，爾後內閣才擬寫批答之詞；國家的財貨貢賦，先要滿足太監掌管的內庫的需要，爾後才能進入國庫；國家的司法刑獄，也是太監掌管的東廠，凌駕於朝廷的刑部、都察院、大理寺之上；其他各方面無不是這樣。這就表明，宰相和六部，不過是遵照奄宦意志辦事的大員罷了。君主把天下當作私家，因而把官府貯藏的財物，視為自己的私有財產，把禁衛軍視為自己私人的保鏢，這還是末世帝王的行徑。如今的帝王，衣服、飲食、馬匹、兵器、禮樂用具、金玉布帛、日用器物，都由太監取辦於數里之地的皇宮；而對宮外政府所設的衙門，所供給的財賦，就看作不歸自己所有，以致嘵嘵不休地爭搶。讓君主擁有的地盤，只剩下皇宮這麼數里之內，都是太監們造成的。漢朝、唐朝、宋朝的奄宦，利用君主的昏庸，而後可以實現自己的野心；明朝這種宦官擅權的格局，已經固定下來，相互牽連勾結，很難突破。像毅宗那般賢明的君主，初登基時，對宦官擅權的局面有所認識，有所懷疑，終究卻不能拋棄他們，最終到臨死的時候，也不能和朝廷大臣見一面，奄宦的禍害，從沒有像這樣厲害的啊！

且夫人主之有奄宦，奴婢也；其有廷臣，師友也。所求乎奴婢者使令，所求乎師友者道德❶。故奴婢以伺喜怒為賢，師友而喜怒其喜怒，則為容悅❷矣；師友以規過失為賢，奴婢而過失其過失，則為悖逆矣。自夫奄人以為內臣，士大夫以為外臣；奄人既以奴婢之道事其主，其主之妄喜妄怒，外臣從而違之者，奄人曰：「夫非盡人之臣與？奈之何其不敬也！」人主亦即以奴婢之道為人臣之道；以其喜怒加之於奄人而受，加之於士大夫而不受，則曰：「夫非盡人之臣與？奈之何有敬有不敬也？蓋內臣愛我者也，外臣自愛者也。」於是天下之為人臣者，見夫上之所賢所否者在是，亦遂舍其師友之道而相趨於奴顏婢膝之一途。習之既久，小儒不通大義，又從而附會之曰：「君父，天也。」故有明奏疏，吾見其是非甚明也，而不敢明言其是非；或舉其小過而遺其大惡，或勉以近事而闕❸於古則，以為事君之道當然。豈知一世之人心學術為奴婢之歸❹者，皆奄宦為之也。禍不若是其烈與！

【章旨】論述君主信用奄宦的心理，以及奄宦敗壞人心學術的罪惡。

【注釋】❶道德 合於道的德行。《禮記・曲禮上》：「道德仁義，非禮不成。」陳澔注：「道猶路也，事物當然之理，人所共由，故謂之道；行道而有得於身，故謂之德。」❷容悅 逢迎以取悅於上。❸闕 遺漏。❹歸 趨向。

【語譯】再說君主豢養的宦官，是奴婢；在他朝中的大臣，是老師和朋友。君主對奴婢的要求，是聽使喚，對老師和朋友，是期望有合於道的德行。因此，奴婢如果善於體察主子的喜怒，而妥為相應地伺候，便是有才幹；作為老師和朋友，如果隨著君主喜而喜，隨著君主怒而怒，那就是討好賣乖，取悅於上了。好老師和好朋友，好在能規勸人改正過錯；奴婢如果批評主子的過錯，那就是犯上。自從奄人稱之為內臣，朝廷官員便稱為外臣；奄人既然用做奴婢的規矩來侍奉主子，主子不正常的喜或怒，外臣不肯依從，奄人們就說：「不都是君主的臣子嗎？為甚麼對君主那麼不尊重！」君主也就把做奴婢的規矩，拿來要求大臣們那樣做；君主在奄人面前表現喜或怒，奄人便跟著喜或怒，君主把自己的喜與怒，強加給朝廷中的大臣，大臣們不接受，君主就說：「不都是臣子嗎？為甚麼有敬重我的、有不敬重我的？看來內臣是愛我的，外臣只愛他們自己。」於是天下做臣子的，看到皇上喜歡的與不喜歡的是這樣，也就拋棄師友應有的原則和態度，而跟著奴婢們卑躬屈膝，亦步亦趨。久而久之，習以為常，小儒不懂得大道理，又隨著附會一番，說：「君主和父親，是天啊！」所以，明朝的奏疏，我看那些作者是明白是非的，卻不敢把是非明白地說出來；他們有的只是列舉君主的小過失，而不提及其大罪過，有的只是用新近的事例勸勉君主，而不用古代聖賢的教訓，他們以為侍奉君主的規矩就是這樣。哪曉得一代人心和學術，就這樣淪為奴婢的品格，這都是奄宦造成的。禍害再沒有比這更厲害的了！

奄宦下

【題解】此篇析述，所以有奄宦之禍，根源在於君主之多欲。因而要根絕奄宦之禍，只有去掉君主眾多的妃嬪。

奄宦之如毒藥猛獸，數千年以來，人盡知之矣；乃卒遭其裂肝碎首者，曷❶故哉？豈無法以制之與？則由於人主之多欲也。夫人主受命於天，原非得已；故許由、務光之流，實見其以天下為桎梏❷而掉臂去之❸。豈料後世之君，視天下為娛樂之具。崇❹其宮室，不得不以女謁❺充之；盛❻其女謁，不得不以奄寺❼守之；此相因之勢也。

【章旨】說明奄宦之禍人皆知之，而不能根除的原因，則在於君主的色欲之心太重。

【注釋】❶曷　同「何」。❷桎梏　拘繫罪犯的刑具，在手的稱梏，在足的稱桎。❸掉臂去之　胳膊一甩就走。❹崇　高聳。此處用作動詞。❺女謁　妃嬪、宮女。《後漢書・鍾離意傳》引鍾離意奏疏：「宮室榮邪，女謁盛邪。」❻盛　眾多。此處用作動詞。❼奄寺　即宦官。古代宮內供使令的小臣稱寺或寺人。

【語　譯】奄宦的兇惡，像毒藥和猛獸一樣，經歷了幾千年之後，人們都認識清楚了；而最終卻遭到他們慘無人道的迫害，又是甚麼道理呢？難道就沒有法制來管束他們嗎？不是的，只是由於做君主的色欲之心太重了。君主受老天爺的委託來管理天下，本是無可奈何，不得已的事；所以許由、務光等人，確實看到有天下，就像是戴腳鐐手銬，因而胳膊一甩就走了。哪裏料到後代的君主，把天下看成是自己娛樂的玩意兒。他們修建高大巍峨的宮殿，不得不安置宮女在裏面；宮女安置很多，又不得不派宦官來守衛、侍奉她們。這是必然會連帶出現的局面。

其在後世之君，亦何足責。而鄭玄之注《周禮》也，乃謂女御八十一人當九夕，世婦二十七人當三夕，九嬪九人當一夕，三夫人當一夕，后當一夕❶。其視古之賢王與後世無異，則是《周禮》為誨淫之書也。孟子言「侍妾數百人，我得志弗為也」❷。是時齊、梁、秦、楚❸之君，共為奢僭❹，東西二周❺且無此事。若使為周公遺制，則孟子亦安為固然；得志弗為，則是以周公為舛錯❻矣。苟如玄之為言，王之妃百二十人，妃之下又有侍從，則奄之守衛服役者，勢當數千人。後儒以寺人隸於冢宰❼，謂《周官》❽深得治奄之法。夫刑餘之人❾，不顧禮義，兇暴是聞；天下聚兇暴滿萬，而區區以係屬冢宰，納之鈐鍵，有是理乎！且古今不貴其能治，而貴其能不亂。奄人之眾多，即未及亂，亦厝火積薪之下❿也。

【章旨】評述後儒曲解經典，說明君主擁有眾多妃嬪和奄宦，絕非古聖王之制。

【注釋】❶鄭玄之注周禮六句　鄭玄在《周禮・天官・冢宰・九嬪》的注文中說：「凡群妃御見之法，月與后妃其象也，卑者宜先，尊者宜後。女御八十一人當九夕，世婦二十七人當三夕，九嬪九人當一夕，三夫人當一夕，后當一夕，亦十五日而徧云。」❷侍妾數百人二句　《孟子・盡心下》：「說大人，則藐之，勿視其巍巍然。堂高數仞，榱題數尺，我得志弗為也；食前方丈，侍妾數百人，我得志弗為也；般樂飲酒，驅騁田獵，後車千乘，我得志弗為也。在彼者，皆我所不為也；在我者，皆古之制也，吾何畏彼哉？」孟子的意思，「侍妾數百人」不是古聖賢之制。❸齊梁秦楚　戰國七雄中的四國。梁即魏國，因建都大梁（今開封）而得名。❹僭　踰越禮制所規定的本分。❺東西二周　指戰國時的東周、西周。❻舛錯　錯亂。❼寺人隸於冢宰　在《周禮》中，寺人是冢宰的屬員。冢宰，大宰。為百官之首。❽周官　即《周禮》。此書初名《周官》，也稱《周官經》。❾刑餘之人　受過肉刑的人。此指被閹割的人。❿厝火積薪之下　把火放在柴堆下面。喻隱患。

【語譯】對於後代的君主，也不必過分地責備。鄭玄注解《周禮》就說，君主的女御八十一人，擔當九個夜晚，世婦二十七人，擔當三個夜晚，九嬪九人，擔當一個夜晚，三位夫人，擔當一個夜晚，后擔當一個夜晚。他把古代的賢王和後世的君主一樣看待，如此一來，而《周禮》便可說是一本誨淫的書了。孟子說：「服侍的姬妾有幾百人，我如果得了志，絕不這樣做。」當時齊國、梁國、秦國、楚國的君主，都一樣奢侈，超越本分地享受；東周、西周還沒有這類事。假若擁有百多名侍妾是周公留下來的制度，那孟子就會心安理得地覺得本應如此；一旦抱負得展，還拒絕這樣的待遇，那就是認為周公錯了。假如像鄭玄說的，帝王的妃嬪一百二十人，妃嬪之下又有侍從，那守衛服役的奄人，勢必要有幾千人。後世儒者，因為看到《周禮》中寺人是隸屬於冢宰的，便說《周禮》中管束奄人很有辦法。被閹割的人，不講禮義，以兇暴著稱；天下聚集近萬名兇暴之徒，而交給一個冢宰管轄，用鎖鑰關起來，有這樣的道理嗎！再說從古至今，能夠管理眾人不算可貴，能夠使眾人不作亂才算可貴。那麼多的奄人聚集在一起，即使沒有發生亂子，也等於把火放在柴堆下面，那又是多危險啊。

吾意為人主者，自三宮❶以外，一切當罷。如是，則奄之給使令者，不過數十人而足矣。議者竊憂其嗣育❷之不廣也。夫天下何常之有！吾不能治天下，尚欲避之，況於子孫乎！彼鰓鰓❸然，唯恐後之有天下者，不出於其子孫，是乃流俗富翁之見。故堯、舜有子，尚不傳之；宋徽宗未嘗不多子❹，止以供金人之屠醢❺耳。

【章　旨】申述唯有去除君主眾多的妃嬪，而供使喚的奄人方可大大減少之理。

【注　釋】❶三宮　中宮、東宮、西宮。皇后居中宮，東、西宮為妃嬪所居。❷嗣育　指後代子女。❸鰓鰓　恐懼的樣子。也作「葸葸」、「諰諰」。❹宋徽宗未嘗不多子　宋徽宗有三十一個兒子。長子欽宗，和徽宗一道被金兵所俘，死於五國城（在今黑龍江省）。徽宗其他兒子，多有同時被俘至金國的。❺醢　剁為肉醬。是古代酷刑的一種。

【語　譯】我的意見是：做君主的，除了三宮之外，其他妃嬪都去掉。如這樣做，那供使喚的奄人，不過幾十人就夠了。議論的人私下擔心君主的子女不多。天下哪裏能夠永久地屬於一家一姓！自己如果不能治理天下，尚且要躲避君主的位置，何況子孫呢！那種提心吊膽，唯恐以後統治天下的人，不是自己的子孫，這是流俗的富家翁的見識。所以堯、舜有兒子，尚且不把天下傳給他；宋徽宗的兒子不是不多，那也只不過是供金人屠戮罷了。

新譯李賀詩集
新譯杜牧詩文集
新譯李商隱詩選
新譯范文正公選集
新譯蘇洵文選
新譯蘇軾文選
新譯蘇軾詞選
新譯蘇轍文選
新譯曾鞏文選
新譯王安石文選
新譯唐宋八大家文選
新譯柳永詞集
新譯李清照集
新譯辛棄疾詞選
新譯陸游詩文選
新譯歸有光文選
新譯唐順之詩文選
新譯徐渭詩文選
新譯薑齋文集
新譯顧亭林文集
新譯方苞文選
新譯鄭板橋集
新譯袁枚詩文選
新譯李慈銘詩文選
新譯聊齋誌異選
新譯閱微草堂筆記
新譯浮生六記
新譯弘一大師詩詞全編

教育類

新譯爾雅讀本
新譯顏氏家訓
新譯聰訓齋語
新譯曾文正公家書
新譯三字經
新譯百家姓
新譯幼學瓊林
新譯增廣賢文・千字文
新譯格言聯璧

歷史類

新譯史記
新譯漢書
新譯後漢書
新譯三國志
新譯資治通鑑
新譯史記——名篇精選
新譯尚書讀本
新譯周禮讀本
新譯逸周書
新譯左傳讀本
新譯公羊傳
新譯穀梁傳
新譯春秋穀梁傳
新譯戰國策
新譯國語讀本
新譯說苑讀本
新譯新序讀本
新譯吳越春秋
新譯西京雜記
新譯列女傳
新譯越絕書
新譯燕丹子
新譯東萊博議
新譯唐六典
新譯唐摭言

宗教類

新譯金剛經
新譯高僧傳
新譯碧巖集
新譯百喻經
新譯楞嚴經
新譯梵網經
新譯圓覺經
新譯法句經
新譯六祖壇經
新譯禪林寶訓
新譯維摩詰經
新譯經律異相
新譯阿彌陀經
新譯無量壽經
新譯妙法蓮華經
新譯景德傳燈錄
新譯大乘起信論
新譯釋禪波羅蜜
新譯八識規矩頌
新譯永嘉大師證道歌
新譯華嚴經入法界品
新譯地藏菩薩本願經
新譯悟真篇
新譯无能子
新譯坐忘論
新譯列仙傳
新譯抱朴子
新譯神仙傳
新譯性命圭旨
新譯老子想爾注
新譯周易參同契
新譯道門觀心經
新譯養性延命錄
新譯樂育堂語錄
新譯沖虛至德真經
新譯長春真人西遊記
新譯黃庭經・陰符經

地志類

新譯山海經
新譯水經注
新譯佛國記
新譯大唐西域記
新譯洛陽伽藍記
新譯徐霞客遊記
新譯東京夢華錄

政事類

新譯商君書
新譯鹽鐵論
新譯貞觀政要

軍事類

新譯孫子讀本
新譯司馬法
新譯尉繚子
新譯三略讀本
新譯六韜讀本
新譯吳子讀本
新譯李衛公問對

國家圖書館出版品預行編目資料

新譯明夷待訪錄／李廣柏注譯;李振興校閱.——二版
三刷.——臺北市：三民，2020
面；　公分.——(古籍今注新譯叢書)

ISBN 978-957-14-2047-9 （平裝）
1.(清)黃宗羲─學術思想─哲學

127.11

古籍今注新譯叢書

新譯明夷待訪錄

注 譯 者　李廣柏
校 閱 者　李振興

發 行 人　劉振強
出 版 者　三民書局股份有限公司
地　　址　臺北市復興北路 386 號 (復北門市)
　　　　　臺北市重慶南路一段 61 號 (重南門市)
電　　話　(02)25006600
網　　址　三民網路書店 https://www.sanmin.com.tw

出版日期　初版一刷 1995 年 7 月
　　　　　初版二刷 2001 年 2 月
　　　　　二版一刷 2014 年 4 月
　　　　　二版三刷 2020 年 6 月
書籍編號　S030740
I S B N　978-957-14-2047-9

三民書局